日本昔ばなし

かさこじぞう

文　岩崎　京子
絵　井上　洋介

ポプラ ポケット文庫

もくじ

Poplar
Pocket
Library

かさこじぞう

むかしむかし、あるところに、じいさまとばあさまがありましたと。

たいそうびんぼうで、その日《ひ》その日《ひ》をやっとくらしておりました。

ある年《とし》の大《おお》みそか、じいさまはためいきをついていいました。

「ああ、そのへんまでお正月《しょうがつ》さんがござらっしゃるというに、もちこの用意《ようい》もできんのう。」

「ほんにのう。」

「なんぞ、売《う》るもんでもあればええがのう。」

じいさまは、ざしきを見《み》まわしたけど、なんにもありません。

「ほんに、なんにもありゃせんのう。」

ばあさまは、土間《どま》のほうを見《み》ました。すると、夏《なつ》のあいだにかりとっておいたすげがつんでありました。

「じいさまじいさま、かさこさえて、町《まち》さ売《う》りにいったら、もちこ買《か》えんかのう。」

「おおお、それがええ、そうしよう。」

そこで、じいさまとばあさまは土間《どま》におり、ざんざら、すげをそろえました。そして、せっせとすげがさをあみました。

かさが五《いつ》つできると、じいさまはそれをしょって、

「かえりには、もちこ買《か》ってくるで。にんじんごんぼもしょってくるでのう。」

というて、でかけました。

町《まち》には大年《おおどし》の市《いち》がたっていて、正月買《しょうがつが》いもんのひとで大《おお》にぎわいでした。うすやきねを売《う》る店《みせ》もあれば、山《やま》から松《まつ》をきってきて、売《う》っているひともいました。

「ええ、松《まつ》はいらんか。おかざりの松《まつ》はいらんか。」

じいさまも、声《こえ》をはりあげました。

「ええ、かさやかさやあ、かさこはいらんか。」

けれども、だれもふりむいてくれません。しかたなく、じいさまはかえることにしました。

「年越《としこ》しの日《ひ》に、かさこなんか買《か》うもんはおらんのじゃろ。

ああ、もちこももたんでかえれば、ばあさまはがっかりするじゃろうのう。」

いつのまにか、日《ひ》もくれかけました。

じいさまは、とんぼりとんぼり町《まち》をでて、村《むら》のはずれの野《の》っ原《ぱら》までできました。

風《かぜ》がでてきて、ひどいふぶきになりました。

ふと顔《かお》をあげると、道《みち》ばたにじぞうさまが六人《ろくにん》たっていました。

おどうはなし、木《き》のかげもなし、ふきっさらしの野《の》っ原《ぱら》なもんで、じぞう

さまはかたがわだけ雪《ゆき》にうもれているのでした。

「おお、おきのどくにな。さぞつめたかろうのう。」

じいさまは、じぞうさまのおつむの雪《ゆき》をかきおとしました。

「こっちのじぞうさまは、ほおべたにしみをこさえて。それから、このじぞうさまはどうじゃ。はなからつららをさげてござらっしゃる。」

じいさまは、ぬれてつめたいじぞうさまの、かたやらせなやらをなでました。

「そうじゃ。このかさこをかぶってくだされ。」

じいさまは、売《う》りもののかさをじぞうさまにかぶせると、風《かぜ》でとばぬよう、しっかりあごのところでむすんであげました。

ところが、じぞうさまの数《かず》は六人《ろくにん》、かさこは五《いつ》つ。どうしてもたりません。

「おらのでわりいが、こらえてくだされ。」

じいさまは、じぶんのつぎはぎの手《て》ぬぐいをとると、いちばんしまいのじぞうさまにかぶせました。

「これでええ、これでええ。」

そこで、やっと安心《あんしん》して、うちにかえりました。

「ばあさまばあさま、いまかえった。」

「おおおお、じいさまかい。さぞつめたかったろうの。かさこは売《う》れたのかね。」

「それがさっぱり売《う》れんでのう。」

じいさまは、とちゅうまでくると、じぞうさまが雪《ゆき》にうもれていた話《はなし》をして、

「それでおら、かさこかぶせてきた。」

といいました。

すると、ばあさまはいやな顔《かお》ひとつしないで、
「おお、それはええことをしなすった。じぞうさまも、この雪《ゆき》じゃさぞつめたかろうもん。さあさあじいさま、いろりにきてあたってくだされ。」
じいさまは、いろりの上《うえ》にかぶさるようにして、ひえたからだをあたためました。
「やれやれ、とうとう、もちこなしの年越《としこ》しだ。そんならひとつ、もちつきのまねごとでもしようかのう。」
じいさまは、
　こめの　もちこ
　ひとうす　ばったら
と、いろりのふちをたたきました。
すると、ばあさまもほほとわらって、

あわの　もちこ
ひとうす　ばったら

と、あいどりのまねをしました。

それからふたりは、つけなかみかみ、おゆをのんでやすみました。

するとまよなかごろ、雪《ゆき》のなかを、

じょいやさ　じょいやさ

と、そりをひくかけ声《ごえ》がしてきました。

「ばあさま、いまごろだれじゃろ。長者《ちょうじゃ》どんのわかいしゅが正月買《しょうがつが》いもんをしのこして、いまごろひいてきたんじゃろうか。」

ところが、そりをひくかけ声《ごえ》は、長者《ちょうじゃ》どんのやしきのほうにはいかず、こっちにちかづいてきました。

耳《みみ》をすましてよくきいてみると、

六人《ろくにん》の　じぞうさ
かさことって　かぶせた
じさまのうちは　どこだ
ばさまのうちは　どこだ

と、うたっているのでした。
そして、じいさまのうちのまえでとまると、なにやらおもいものを、

ずっさん　ずっさん

と、おろしていきました。

じいさまとばあさまがおきていって、雨戸《あまど》をくると、かさこをかぶったじぞうさまと、手《て》ぬぐいをかぶったじぞうさまが、

じょいやさ　じょいやさ

と、からぞりをひいて、かえっていくところでした。

のき下《した》には、米《こめ》のもち、あわのもちのたわらが、おいてありました。

そのほかにも、みそだる、にんじん、ごんぼやだいこんのかます、おかざりの松《まつ》などがありました。

じいさまとばあさまは、よいお正月《しょうがつ》をむかえることができましたと。

ものいうかめ

むかしむかし、あるところに、びんぼうなじいさまとばあさまがありましたと。

あすは、もうおおみそかだというのに、米《こめ》ひとつぶ、もちひときれありませんでした。

「なんとか、年《とし》のこせるくふうはなかろうかの。」

じいさまがいうと、

「のう、じいさま、くりの枝《えだ》ではしをつくって、売《う》ったらどうじゃろう。」

と、ばあさまがいいました。

「おおおお、それはええことを思《おも》いついたもんじゃの。むかしっから、くりの枝《えだ》はえんぎええと、お正月《しょうがつ》はどこでもそろえるもんじゃ。」

そこで、じいさまはうらの山《やま》からくりの枝《えだ》をとってくると、夜《よ》なべしてはしをけずりました。

「では、ちょっくら町《まち》に売《う》りにいってくるでな。」

「あいあい。かえりにはもちを買《こ》うてきてくだされ。」

じいさまは、はしのつつみをしょって町《まち》にでかけ、大声《おおごえ》で、

「えんぎのええはし、くりのはしはいらんかあ。」

と、売《う》りあるきました。

けれども、だれも買《か》ってはくれません。おいわいのはしなど、みんなとっくにそろえてしまったのでしょう。

とうとう、日《ひ》ぐれになってしまいました。

じいさまは、町《まち》はずれの橋《はし》のたもとまでくると、すっかり力《ちから》がぬけ、へたへたっとすわりこんでしまいました。

「やれやれ、一日《いちにち》売《う》りあるいたというのに、だあれも買《こ》うてはくれん。ああ、なんで年《とし》とりをしたらええかのう。」

じいさまがぶつぶつひとりごとをいったとき、どこからかかすかな声《こえ》がきこえてきました。

米《こめ》で　年《とし》とりゃれ

あわで　年《とし》とりゃれ

じいさまははっとして見《み》まわしましたが、だあれもいません。

すると、またきこえました。

米《こめ》で　年《とし》とりゃれ

あわで　年《とし》とりゃれ

「はて、いったい、だれじゃろう。」

じいさまが声《こえ》をかけても、へんじがありません。

よくよく見《み》ると、川《かわ》の石《いし》のあいだから、小《ちい》さなかめが首《くび》をだしているのが見《み》えました。

「まさか、おまえじゃなかろうの。」

じいさまがいうと、どうでしょう。かめは首《くび》をのばして、いうではありませんか。

米《こめ》で　年《とし》とりゃれ
あわで　年《とし》とりゃれ
「へえ、やっぱりおまえか。ふしぎなことがあるもんじゃの。かめが口《くち》をきくとはなあ。このかめをつれてかえって、ばあさまに見《み》せてやろう。」

じいさまは、かめをふところにいれてかえるとさっそく、ばあさまにその話《はなし》をしました。

「ええか、ようきいとるんじゃぞ。くりのはしはあるけれど、なんで年《とし》とろうか。」

すると、かめは首《くび》をのばして、またいいました。

米《こめ》で　年《とし》とりゃれ
あわで　年《とし》とりゃれ
ばあさまはびっくりして、目《め》をまるくしました。

「のうじいさま、このかめは、神《かみ》さまのおつかいかもしれんのう。」

そこで、じいさまとばあさまは、かめを神《かみ》だなにあげてやすみました。

さて、お正月《しょうがつ》の朝《あさ》のこと。

じいさまはわか水《みず》をくみ、神《かみ》だなにそなえようとして、びっくりしました。

「ばあさまばあさま、はようこんか。」

「なんごとですか、じいさま。」

ばあさまが、じいさまの指《ゆび》さした神《かみ》だなを見《み》ると、ゆうべあげておいたかめは見《み》えず、かわりに金色《きんいろ》のこばんが、山《やま》になっているのでした。

そのこばんのおかげで、ふたりはしあわせにくらしましたと。

となりには、よくばりなじいさんとばあさんが住《す》んでいました。じいさんは、つぎのおおみそかになるのをまって、くりのはしをけずり、土橋《どばし》のところへかけていきました。

「くりのはしはあるけれど、なんで年《とし》とろうか。」

じいさんがいうと、話《はなし》にきいていたとおり、石《いし》のあいだからかめがでてきていいました。

米《こめ》で　年《とし》とりゃれ

あわで　年《とし》とりゃれ

よくばりじいさんはかめをつかまえると、ふところにねじこみました。

「このものをいうかめに、こばんひと山《やま》もらうだけではつまらん。なんとかもうけるくふうはないかのう。」

そこで、じいさんはうちへかえらず、町《まち》のほうへいきました。町《まち》は年《とし》の市《いち》でにぎわっていました。

「さあ、きいてくだされ。見《み》てくだされ。めずらしい、ものをいうかめじゃ。おだい、きいてのおかえり。」

じいさんが大声《おおごえ》でさけぶと、みんなあつまってきました。

じいさんは、かめを下《した》におろしていいました。

「くりのはしはあるけれど、なんで年《とし》とろうか。」

ところが、かめは口《くち》をつぐんで、うんともすんともいいませんでした。

「これ、じいさん、はようものをいわさんか。」

「ものをいうなんてうそじゃろう。」

町《まち》のひとたちはおこりだしました。

「いえ、うそではない。ええ、くりのはしはあるけれど、なんで年《とし》とろうか。」

かめはやっぱり口《くち》をつぐんだまんまでした。
それで、よくばりじいさんは、町《まち》のひとたちからぶたれたりこづかれたり、
なんにもいいことがなくて、泣《な》く泣《な》くかえってきましたと。

わらしべ長者《ちょうじゃ》

むかしむかし京《きょう》のみやこに、たいそうびんぼうなわかものがおりました。いくらはたらいても、ちっともくらしがらくになりません。そこで、ごりやくのあるという長谷《はせ》のかんのんさまにおまいりにいきました。

「どうぞええくらしがでけるよう、おめぐみをおくれやす。かんのんさま、よろしゅうおねがいします。」

いっしんにいのっておりますと、かんのんさまのおつげがありました。

「よしよし、それではめぐみをさずけよう。うちへかえるとちゅう手《て》にさわったものなんであろうと、しっかり持《も》ってかえれ。」

「へえ、おおきにおおきに。」

わかものは大《おお》よろこびで、お堂《どう》をでていこうとしたとたんにしきいにつまずいてころびました。

「やれやれ、こらまた運《うん》のわるい。どこまでわいはついてへんのやろ。」

わかものは立《た》ちあがりました。気《き》がつくと、手《て》にわらしべ一本《いっぽん》にぎっておりました。

「あれっ、ほんならこのわらしべ一本《いっぽん》がかんのんさまのおめぐみかいな。やれやれつまらんおめぐみもろたもんやなあ。ま、しゃあないわ。これでもなんぞのたしになるやろ。」

わかものは、わらしべをふところにいれてかえりました。かんのんさまの門《もん》をでたところで、一《いっ》ぴきのあぶが顔《かお》にあたりました。

ぶぶぶぶ　ずずずず　るるるる……

あぶは、わかものの顔《かお》のまわりをしつこくとびまわりました。

「ええ、うるそうてかなわんな。しっしっ、あっちいけ。しっしっ。」

はらってもはらっても、あぶはにげません。

ぶぶぶぶ　ずずずず　るるるる……

わかものはあぶをつかまえると、わらしべでしばりました。あぶはしばられたまんま、わらしべのさきでぶんぶんいっていました。

するとむこうから、りっぱな車《くるま》が牛《うし》にひかれてやってきました。きっとかんのんさまへおまいりにいくところでしょう。

車《くるま》のすだれがあがり、小《ちい》さな男《おとこ》の子《こ》がのぞいて、なにかいっています。

「ぶんぶんいうてるのんはなんや。」

「ああ、あの男《おとこ》の持《も》ってるもんでっか？　あれはあぶどす。」

車《くるま》をひっぱっている男《おとこ》がいいました。

「ほしいほしい、あぶがほしい。」

「ぼん、あんなあぶがなんでほしなりますねん。」

「ほしいほしい、もろてほしいねん。」

「おや、このあぶがほしいいわはるんでっか。よろしおす。どうぞどうぞ。」

わかものは車《くるま》のそばによっていって、男《おとこ》の子《こ》にあぶをあげました。

「ぼんはいいだしたらきかしまへん。たすかりますわ。ほなお礼《れい》にこのおみかんでも、持《も》っていっておくれやす。」

「こら、おおきに。」

わかものはふしぎな気《き》がしました。かんのんさまにいただいたわらしべ一《いっ》本《ぽん》が、いくらもいかないうちにみかん三《さん》こになったのです。さっそくかわをむいて食《た》べようとしましたが、

「いや、まて。このみかんかてかんのんさまのごりやくや。むしゃむしゃ食《た》べてしもうたらもったいないわ。」

わかものはみかんを三《みっ》つふところにいれてあるきだしました。すると、道《みち》ばたに女《おんな》のひとがすわりこんでいました。

「あ、もし、そこへいくおかた、あんさん。お水《みず》持《も》っておらしまへんか。ずっ

と日《ひ》なたをあるいてきたさかいのどがかわいてなあ。」

「そら気《き》のどくな。」

わかものはあわててあたりを見《み》まわしました。川《かわ》のながれもなさそうですし、井戸《いど》のある家一《いえいっ》けん見《み》あたりません。

「ああ、そや、そや。そうやった。かんのんさまのごりやくのおみかんがありますわ。これお食《た》べやす。」

「まあ、せっかくのおみかんを？　そら、いけまへん。」

「なあにえんりょせんと食《た》べておくれやす。のどのかわき、ちょっとはおさまりまっしゃろ。」

「すんまへん。おおきにおおきに。」

女《おんな》のひとは、うれしそうにみかんをうけとりました。

「ああ、おかげさんでたすかりました。このおみかんをいただかなんだらと思《おも》うと、ぞっとします。お礼《れい》にこのぬのをお持《も》ちやしておくれやす。」

女《おんな》のひとは、りっぱな絹《きぬ》のたんものを三《さん》たんもくれました。

「へーえ、一本《いっぽん》のわらしべが三《さん》たんの絹《きぬ》に？ なるほど、なるほど。長谷《はせ》のかんのんさまのれいげんはあらたかなもんやな。ありがたやありがたや。」

わかものはたんものを背《せ》にかついで、ほくほくしながらかえりました。

しばらくいくと、こんどはりっぱなさむらいが馬《うま》にのってやってきました。

ちょうどわかもののまえまできたときでした。とつぜん馬《うま》はひひひーんといななき、うしろあしで立《た》つと、さむらいをふりおとしてあばれだしました。

「こらこら、しずまれ、しずまれ。どうどう、いかがいたした。どうどう。」

さむらいがいくらなだめても、馬《うま》はくるくるまわったりうしろあしで立《た》ったり、まえあしで立《た》ってうしろあしをぴんぴんけあげたりしていましたが、きゅうにばたりとたおれてしまいました。

「いまのいままでなんでもなかったのに、どうしたことじゃ。それがしは、いそがなくてはならん。こまった。こんな道《みち》のまんなかにすてててもいかれぬし。」

わかものはぽかんと口《くち》をあけて、馬《うま》のあばれるのを見《み》ていましたが、おそるおそる声《こえ》をかけました。

「おぶけさま、おこまりでっしゃろ。よろしおす。わいが馬《うま》をあんじょうしといたげます。」

「なに、そうしてくれるか。」

「へえ、よろしおす。この馬《うま》のかわはわいがいただくとして、ただというわけにはいきまへん。この絹一《きぬいっ》たん持《も》っていっておくれやす。」

「かたじけない。よろしくたのむ。」

といって、さむらいはいってしまいました。

「これもかんのんさまのおめぐみやろか。わらしべ一本《いっぽん》が、とうとう絹《きぬ》二《に》たんと馬《うま》のかわ一枚《いちまい》や。はて、この馬《うま》やけどどないしたんやろ。死《し》んだようにしてるけど。

かんのんさま、かんのんさま、この馬《うま》をもう一《いっ》かい、生《い》きかえらせておくれやす。」

するとどうでしょう。馬《うま》のはながとつぜん、ぴくんとうごき、馬《うま》ははあっとふかいためいきをついたではありませんか。おやっと思《おも》っていると、ぱちんと目《め》をあけ、まえあしをたてて立《た》ちあがりました。

「あれっ、どないなってんにゃ。どっこもわるいとこなさそうやないか。うーん、こらやはり、かんのんさまのごりやくや。」

わかものが、ほくほくしながら馬《うま》をひいてかえってくると、大《おお》きなやしきがありました。

門《もん》のあたりがそうぞうしく、めしつかいが荷物《にもつ》をはこびだしています。

「だれぞ、旅《たび》にでるとこかいな。あのぎょうさんの荷物《にもつ》をみな持《も》っていかはるつもりやろか。馬《うま》でもないとはこべへんとちがうやろか。よし、ほんならひとつ、この馬《うま》こうてもらおう。」

わかものは、やしきのあるじにいいました。

「馬《うま》はいりまへんか。やすうしときますし。」

「うん、りっぱな馬《うま》や。荷《に》をつんでもええし、のってもええ。じつは関東《かんとう》のほうに旅《たび》にでるんやが、このまえの田《た》んぼ三《さん》ちょうで、この馬《うま》を売《う》ってくれはるか。」

見《み》ると、いねは穂《ほ》をつけて黄色《きいろ》くいろづき、すぐにでもとりいれられそうでした。この田《た》からなんびょうお米《こめ》がとれるでしょう。

「よろしおす。」

わかものは馬《うま》をわたしました。するとあるじは、またいいました。

「ついでいうたらなんやけど、このうちに住《す》んで、るすばんしてくれはらへんか。めしつかいもみんなつれていくし、あきやになるんや。」

かわらぶきの、まるでごてんのようなやしきで、庭《にわ》はつき山《やま》や池《いけ》もあって、ひろびろとしています。

「どうや、るすばんしてもらえるやろか。」

「よろしおす。」

わかものはその大《おお》きなやしきに、その日《ひ》から住《す》むことになりました。

ところが一年《いちねん》たったらかえってくるといったのに、やしきのあるじはかえってきません。二年《にねん》たっても三年《さんねん》たっても、だれひとりかえってはきませんでした。

そこで、この大《おお》きなやしきも田《た》んぼも、この男《おとこ》のものになりました。もとはといえば、わらしべ一本《いっぽん》から長者《ちょうじゃ》になったので、世間《せけん》ではこのしあわせものののことを、「長者《ちょうじゃ》のなかの大長者《だいちょうじゃ》、わらしべ長者《ちょうじゃ》」とよんだそうです。

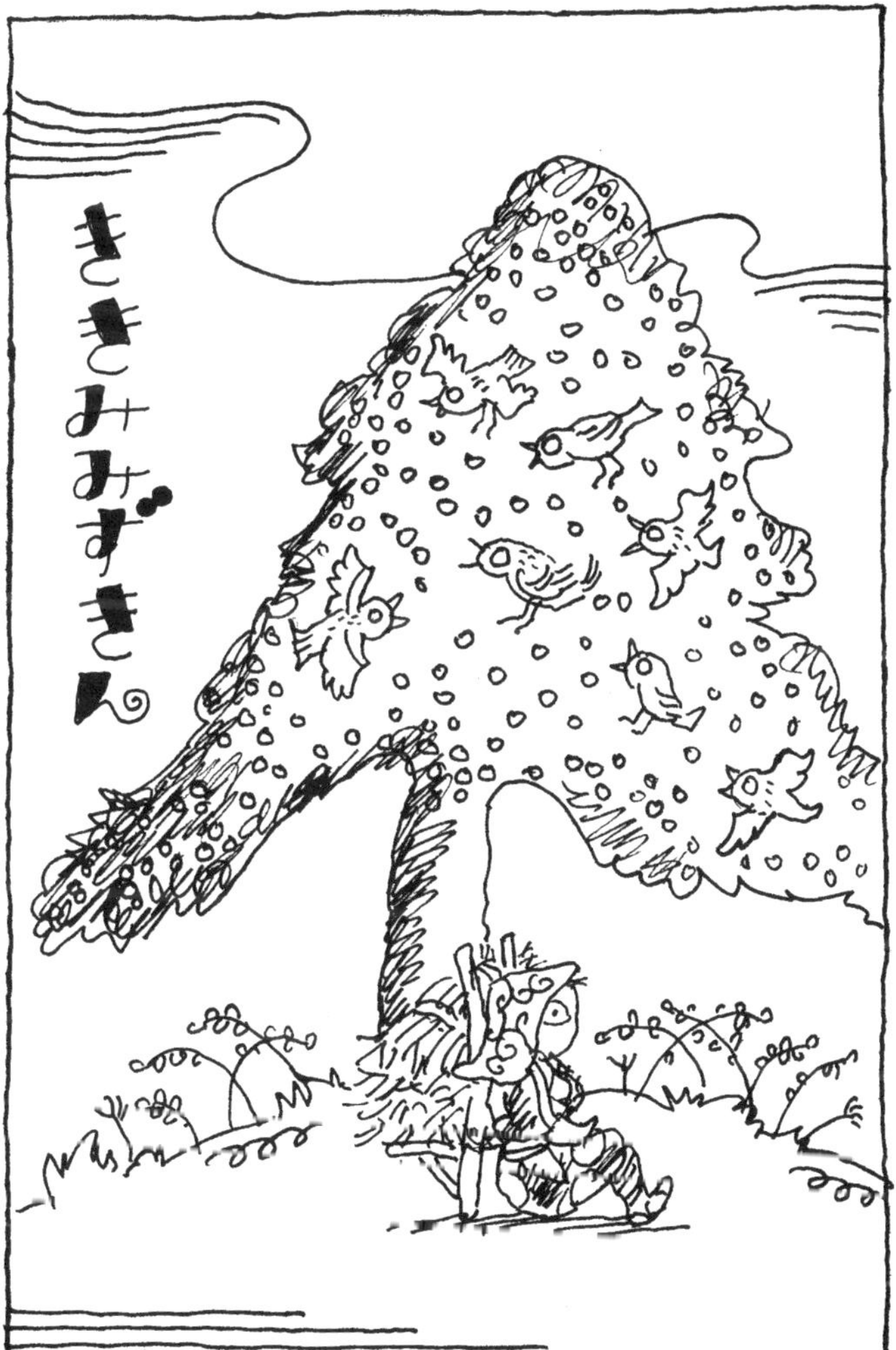
ききみみずきん

むかしむかし。

あるところに、びんぼうなわかものがおりましたと。

山《やま》からしばをとってきては、それを売《う》って、ようやっとその日《ひ》その日《ひ》をくらしていました。

ある日《ひ》、わかものがいつものように山《やま》にいくと、子《こ》どもらが小《こ》ぎつねをつかまえて、きゅんきゅん、いわせておりました。

「これこれ、子《こ》どもしゅ、そんなむごいことをしてはいけない。そいつをおらに売《う》っておくれ。」

わかものは、ありったけのぜにをやって、小《こ》ぎつねをもらいました。

「いいか、昼《ひる》ひなか、村《むら》ちかくでてくるな。さ、はやくじぶんのあなさかえれや。」

わかものはよっくいいきかせて、にがしてやりました。

小《こ》ぎつねはさもうれしそうに、ちょことかけてはふりかえり、またちょことかけてはふりかえりしていってしまいました。

つぎの日《ひ》、わかものが山《やま》へでかけて、一本《いっぽん》すぎのそばをとおると、大《おお》きなきつねがまっていました。

「きのうは、うちの子《こ》どもがえらいめんどうをかけてすまなかった。お礼《れい》にこれをとっといてください。」

きつねは、なにやら古《ふる》びた赤《あか》いぬのでできてる、なんともきたないものをおくと、いってしまいました。

「ほほう、こら、ずきんじゃないか。せっかくだからもろうておこう。」

わかものはずきんをふところにぽいといれ、あとはすっかりわすれていました。

山《やま》の仕事場《しごとば》にくると、わかものはずっぱんずっぱあん、木《き》をきってはたらきました。

「ああ、気《き》もちのええほど仕事《しごと》がはかどった。」

わかものはゆうがたになると、しばをせおってもどりかけました。

村《むら》の入《い》り口《ぐち》には、枝《えだ》をのんのんひろげた木《き》がありました。

「どら、この木《き》の下《した》でひとやすみしていこうか。どっこいしょ。」

わかものが、しばをおろそうとしてかがんだひょうしに、ふところのずきんがころがりだしました。

「そうそう、これはきつねのくれたずきんだっけ。」

わかものは、なにげなくずきんを頭《あたま》にのせました。すると、そのときです。

——知《し》ってるかい、知《し》ってるかい。

——なにを。

——なにを。

とつぜん、ひそひそ声《ごえ》が頭《あたま》の上《うえ》できこえたような気《き》がしました。
「おんや。」
わかものは、きょろきょろ見《み》まわしましたが、だれもいません。
あけびどり*が、なんばも枝《えだ》から枝《えだ》へとびうつっているだけでした。
――知《し》ってるかい、知《し》ってるかい。
――だから、なにをさ。
――村《むら》のあぶらやに……。
――あぶらやでどうしたのさ。
それはひとの声《こえ》のような、そうでないような、いままできいたことのない声《こえ》でした。
わかものが、もっとよくきこうとしてずきんをとったら、声《こえ》はぷつんとやみました。

＊ひよどり

「あれ、なんだ。そら耳《みみ》かな。」
わかものは首《くび》をひねりひねり、またずきんをかぶりなおしました。
すると、また、ひとの声《こえ》のような、そうでないような、かわいらしい声《こえ》がしました。
――あぶらやにうまれたのさ。ふたごのあかんぼうがさ。
――へえ、ふたごかい。
――それがとっても元気《げんき》な男《おとこ》の子《こ》さ。
「ははあ、そうか。このずきんのせいだな。きつねのくれたずきんのせいだ。」
わかものは、ずきんをもっとふかくかぶりました。と、どうでしょう。
――まだおもしろい話《はなし》があるよ。
――なにさ。
――なにさ。

――村《むら》のよろずやのいんきょが、となり村《むら》の婚礼《こんれい》によばれてね。かえりにきつねにだまされて、ごちそうをとられたと。

――はっはっは……ほんとうかい。

――はっはっはっは……。

それは、そうです。あけびどりのおしゃべりが、ひとの声《こえ》になってきこえるのでした。

「はっ、こらおどろいた。鳥《とり》の声《こえ》がみんなわかるずきんなんだ。おら、こんな宝《たから》もんがあるとは、知《し》らんかったぞ。」

わかものは、おもしろいやら、うれしいやら……、ずきんをとると、こんどはだいじにふところにしまい、ほくほくかえってきました。

家《いえ》にもどると、ちょうど屋根《やね》の上《うえ》に、からすが一羽《いちわ》とまっていました。

そこへまた一羽《いちわ》とんできて、がおがおなきました。

「うん、そうじゃ。きつねのずきんをかぶったら、からすの話《はなし》もきけるかしれん。」

わかものはいそいで、ずきんをかぶりました。

どうでしょう。さっきのあけびどりとはすこしちがった、しわがれ声《ごえ》で、きこえます、きこえます。

――村《むら》のからすどん、たっしゃでなによりなにより。

――町《まち》のからすどんかい。町《まち》はどんなようすじゃい。

――それがおおごと、おおごと。長者《ちょうじゃ》どんのひとりむすめが、なにやら知《し》れんやまいになっての。

――気《き》のどくになあ。

――なに、長者《ちょうじゃ》どんがはなれざしきをたてたのさ。そのとき、ふしんのじゃまになるっていうんで、くすの木《き》をきったんじゃ。

――ほうほう、それで。

――くすの木《き》のきりかぶはひさしのま下《した》で、とってんぽちん、雨《あま》だれにうたれているんだとさ。

――ふんふん、それがどうした？

――きりかぶからは、毎年《まいとし》くすの芽《め》がでるだろ。でた芽《め》は、お庭番《にわばん》がもいでしもう。だから、死《し》ぬに死《し》なれず、生《い》きるに生《い》きられないで、くすの木《き》はくるしんでるんだ。むすめの病気《びょうき》はそのせいさ。

――かわいそうになあ。

からすたちはおしゃべりがすむと、西《にし》と東《ひがし》にとんでいきました。

仕事《しごと》のつかれもわすれて、わかものはとびあがりました。

「こいつはまた、えらいことをきいてしもうた。おら、長者《ちょうじゃ》どんのむすめを一《いっ》ぺんだけ、ちらっと見《み》たことがあったど。おまつりの日《ひ》だったなあ。色《いろ》の白《しろ》いうつくしいむすめだった。おら、なんとしてでも、あのむすめをたすけてやんなくてはなんね。うん、こうしてはいられね。」

わかものは、いそいで町《まち》にでかけていきました。

長者《ちょうじゃ》どんのやしきでは、医者《いしゃ》どんやまじないしがおおぜいよばれていました。

「どんなくすりをのませても、いっこうにしるしがみえんとはなあ。」

「おまじないもさっぱりきかんの。」

「どうしたもんじゃろう。もうこれいじょう、手《て》のくだしようがない。」

医者《いしゃ》どんやまじないしたちは、ひたいをよせていいあいました。

長者《ちょうじゃ》どんは、やしきのろうかをおろおろ、あっちいき、こっちいきしているだけでした。

ちょうどそこへ、わかものがいきました。

「うらない、うらない。なんの病気《びょうき》もようわかる。」

長者《ちょうじゃ》どんはその声《こえ》をきくと、さっそくそのわかものをよびいれました。

「うちのかわいいひとりむすめがやまいにとりつかれ、きょうかあすかというさわぎなのじゃ。なにをやってもらちがあかん。ひとつ、うらなってみてくだされ。」

「おやすいことで。そんでは、ひとつおらを、むすめごのところへあんないしてくだされ。」

わかものは、むすめのまくらもとにすわると、もったいぶった声《こえ》で、なんともわけのわからぬことをとなえました。

　にじゅうりはったる
　くずの葉《は》は
　はえばにじゅうり

それから、長者《ちょうじゃ》どんのほうにむきなおるといいました。

「このおやしきには、はなれざしきがありゃせんかの。」

「ほう、はなれのあることをよう知《し》っとるのう。」

「おら、うらないをみるでの。おらをそのはなれにつれていってくだされ。そこで、ひとばん寝《ね》ずにいのって、むすめごのやまいのねをつきとめてみようかの。」

「そうしてくだされ。おたのんもうすで。」

わかものはきつねのずきんをかぶり、すわっていましたが、いつまでたってもなんにもきこえません。やっと、まよなかすぎたころ、庭《にわ》のはうで、

ずっこ　ばっさり

ずっこ　ばっさり

足《あし》をひきずるような音《おと》がしました。

それで、ずきんをふかくかぶりなおすと、ひるまの鳥《とり》の話《はなし》とはまるでちがった、なんともふしぎな話《はな》し声《ごえ》がきこえてきました。

——おい、くすの木《き》どん、あんばいはどんなじゃ。ちったあええか。

——おお、なぎの木《き》どんか。まいばん見《み》まってもろうてすまんこっちゃ。

おら、あいかわらずよ。くるしくてのう。

くすの木《き》の声《こえ》は、いまにもきえいりそうでした。

なぎの木《き》がかえっていくと、こんどははい松《まつ》が、

　しゅる　しゅる

　しゅる　しゅる

と、枝《えだ》をひきずりひきずりして、やってきました。

——おお、山《やま》のはい松《まつ》どんか。めんどうかけるのう。

——なんのなんの。それより、きょうはきのうとくらべてどうじゃ。

――ああ、だんだんよわっていくような気《き》ぃする。――なんと気《き》のよわいことを。なんとかしてやりたいが、おらたちにはどうにもならん。ではあす、またきてやるからな。

つぎの朝《あさ》、わかものははなれざしきからでてくると、長者《ちょうじゃ》どんにいいました。

「これはくすの木《き》の思《おも》いがたたっておるでのう。そればっかでね。ほかのたくさんの木《き》までがあんじておるで。ひとつ、芽《め》がのびられるよう、ほかに植《う》えかえてやるがええ。」

そこで長者《ちょうじゃ》どんは、でいりの植木屋《うえきや》をよんで、くすの木《き》の根《ね》をうえかえさせました。

すると、むすめのほおにぽっちり赤《あか》みがでてきました。

それからというもの、一日一日元気《いちにちいちにちげんき》になっていきました。

わかものは、長者《ちょうじゃ》どんのむすめをよめにもらい、たいそうしあわせにくらしましたと。

めでたし、めでたし。

たからのげた

あるところに、びんぼうな親子《おやこ》がおりましたと。

一《ひと》つのとうきびだんごも、二《ふた》つにわけて食《た》べるほどでした。

ある日《ひ》、とうとうおっかさんは病気《びょうき》になってしまいました。

そこでむすこは、となり村《むら》のごんぞうおじさんのところへいきました。

「十文《じゅうもん》貸《か》してつかあさい。」

「なに、十文《じゅうもん》貸《か》せだと。」

けちんぼのおじさんは、なにやかにや文句《もんく》をいうて、半分《はんぶん》の五文《ごもん》だけ貸《か》してくれました。

ところがその金《かね》もすぐなくなり、むすこはまた、おじさんのところに借《か》りにいきました。

「このあいだ貸《か》したぶんもかえさんで、ようまあそんなことがいえるもんじゃ。はようかえれかえれ。」

むすこがしょんぼりかえってくると、村《むら》ざかいの橋《はし》の上《うえ》に、見《み》たこともないひげのじいさまが立《た》っていました。

「これこれ、なにをそんなにしょげているのじゃ。」

「あい、おっかさんが病気《びょうき》でくすりを買《こ》うてやりたいが、どうにもこうにもならんもんで。」

「よしよし、孝行《こうこう》なことじゃ。うん、おまえにええもんさずけてやろう。」

じいさまは、ふところからちびた一本歯《いっぽんば》のげたをだしてきました。

「これはたからげたというもんだ。このげたをはいてころりんところべ。こばんがでる。ひところび一枚《いちまい》じゃぞ。ただいうとくが、ころぶたんびに背《せ》ばちぢむぞい。」

そして、じいさまのすがたはきえてしまいました。

むすこはそろっとげたをはくと、ためしにころがってみました。

ちゃりん

じいさまのいうたとおり、すずのような音《おと》がして、こばんがでました。

むすこはこばんをしっかりつかんで、町《まち》のくすり屋《や》にかけていきました。

「いちばんようきくくすりを、売《う》ってつかあさい。」

くすり屋《や》は、むすこのみすぼらしいかっこうを見《み》るとへんな顔《かお》をしました。

けれども、ぴかぴかのこばんをだすと、店《みせ》のおくから、きりの箱《はこ》にはいった上等《じょうとう》なこまにんじん*をだしてきました。

にんじんをせんじてのませると、おっかさんの病気《びょうき》はたちまちなおってしまいました。

さあ、ふしぎなたからのげたの話《はなし》は大《だい》ひょうばん。

「げたからこばんがでたと。」

「それでくすりを買《こ》うたと。」

＊ちょうせんにんじん

「ああ、米《こめ》も買《こ》うたと。」

ごんぞうおじさんのところにも、そのうわさがきこえていきました。

おじさんはじっとしておられません。

さっそく親子《おやこ》の家《いえ》にやってきました。

「たいそうええ景気《けいき》じゃな。」

「いえいえ。でもお借《か》りしたぶんは、どうやら、おかえしできそうです。」

「なんのなんの、そんなはしたはどうでもええ。それより……。」

おじさんは、きょろりきょろり見《み》まわしました。

「あああ、神《かみ》だなにのってござるのがおげたさまだな。貸《か》したぶんはこらえるから、そのかわり、げたばよこさんか。」

むすこはびっくりして、このげたばかりは……と、ことわりましたが、ごんぞうおじさんは、むりやりげたをもぎとってしまいました。

そして家《いえ》にかえると、雨戸《あまど》をぴったりしめ、しんばりぼうをかってしまいました。

「へへへっ、ひところび一枚《いちまい》か。」

ごんぞうおじさんは、げたをつっかけました。

ころりん　ちゃりん

「おお、でおった、でおった。やっぱり、うわさのとおりたい。」

ころりん　ちゃりん

ころりん　ちゃりん

「でるでる、こばんだこばんだ。」

ころりん　ちゃりん

ころりん　ちゃりん

ころりん　ちゃりん

こばんは山《やま》になりました。

けれども、ごんぞうおじさんのからだはころぶたんびに、すっとんすっとん、小《ちい》さくなっていきました。

ごんぞうおじさんは、それでもまだまだ、むちゅうになってころがっていました。

むすこは、げたがどうなっているのか心配《しんぱい》になり、ようすを見《み》にきました。げんかんの戸《と》がしまって、よんでもへんじがありません。そこで、雨戸《あまど》をこじあけてみると、こばんがざあっとなだれてきました。

そして、いっしょにもぞもぞころがりだした虫《むし》のようなものがありました。なんと、それはころびすぎて小《ちい》さくなった、ごんぞうおじさんでしたと。

いまでも、ごんぞう虫《むし》という虫《むし》がいますが、それは、このごうたれなおじさんがなったものだということです。

田《た》うえじぞう

むかし、ある村《むら》に、じいさまとばあさまがおりましたと。

山《やま》の上《うえ》に、小《ちい》さな田《た》んぼを持《も》っていました。

ふたりは、まい日山《にちやま》にのぼり、田《た》んぼのせわをしていました。

田《た》んぼというものは、くろうなもので、田《た》おこしからはじまって、しろかき、なわしろづくり、田《た》うえ、田《た》の草《くさ》とり、むしおいと、いっくら小《ちい》さい田《た》んぼでも、年《とし》よりには、とてもたいへんでした。

いちばんこまるのは、なんといっても水《みず》です。なにぶん高《たか》い山《やま》の上《うえ》だもんで、水《みず》をひいてくるわけにはいきません。

ふたりは、小《ち》っこいおけに、谷《たに》の水《みず》をちょっぽりいれて、
えっさ　えっさ　ちゃぷん　ぽちゃん
やっと田《た》んぼまでつくと、おけのなかはからっぽだったんですと。

「のう、ばやさんや。こんなことをしとったら、田《た》うえのじきもすぎてしま

うわ。こまったなあ。」

「あい、ほんにのう。いまはどちらさんもいそがしいさいちゅう。手《て》つだってくれるおかたはおらんじゃろう。」

「ああ、ひとをやとうにも、ちんぎんがはらえんしのう。」

「こまりましたねえ。ぼちぼち、すこしずつはこぶしかありませんねえ。あたしがやります。じいさまはすこしやすんどってくだされ。」

「いや、ばあさんこそつかれてるじゃろう。ひとやすみしとってくれ。」

と、ぐずぐずしているところに、かわいい小《こ》ぼんさんが、とおりかかりました。

「おこまりのごようすですが、どうかなさいましたか？」

「おや、どちらのお寺《てら》の小《こ》ぼんさんかぞんじませんが、こげな山《やま》んなかにごようがおありでしたかの。じつは田《た》んぼに水《みず》がいれられんで、こまっておりました。」
「それはそれは。では、その水《みず》くみを手《て》つだわせてもらいます。」
「それはすまんことで。えっ、そうですか。ではおらたち、ちょこっとほねやすみするあいだ、一《いち》、二《に》はい、谷《たに》の水《みず》をはこんでくださらんか。」
「おやすいことで。」
小《こ》ぼんさんのはやいこと、はやいこと。
おけを二《ふた》つ、両手《りょうて》にさげると、さっと谷《たに》の水《みず》をくみ、山道《やまみち》をさっさとかけあがりました。
ざぼ　ざぼ　ざっぱーん
じゃっぷーん
それからまた、さっとかけおりて、谷《たに》の水《みず》をくみ、かけあがって、
じゃぶ　じゃぶ　じゃっぷーん

がっぽーん

たちまち田《た》んぼは、水《みず》がはられ、池《いけ》のようになりました。

「おお、おお。この田《た》んぼに、こんなに水《みず》のはいったのははじめてじゃ。田《た》んぼがよろこんどりますだ。ありがてえ　ありがてえ。さ、小《こ》ぼんさん、ひとやすみしてくだせえ。」

「いや、それより日《ひ》のあるうちに、しろかきをして、田植《たう》えもしてしまいましょう。」

小《こ》ぼんさんは、ころものすそをおびにひっかけてからげると、田《た》んぼにおりていきました。

そして、たちまちしろかきをすませました。

そのてぎわのいいこと。

つぎに、なえを左手《ひだりて》に持《も》って、右《みぎ》の手《て》ですいっすいっと、植《う》えていきました。

なんともあざやかな手《て》つきで、じいさまもばあさまも、思《おも》わず見《み》とれてしまいました。

小《ちい》さな田《た》んぼでしたから、たちまちなえはきれいにそろい、そよ風《かぜ》になびいて、なんともけっこうなながめだったんですと。

「ありがてえ、ありがてえ。」

じいさまとばあさまは、なんども礼《れい》をいいました。

「なんにもねえけんど、ふもとのおらの家《いえ》によってってくださらんか。ゆうめしでも食《た》べていってくだされ。」

「そうですとも、小《こ》ぼんさん、ぜひよってってくだされ。」

ふたりはいっしょうけんめいさそいました。

「いいえ、わたしはつかいのとちゅうで、これでしつれい。」

「ではあとで、礼《れい》にうかがいます。どちらのお寺《てら》さんにおられるのか、おしえてくだされ。」

小《こ》ぼんさんは、ただわらって、

「いえいえ、ご心配《しんぱい》なく。」

というと、かえっていきました。

「のう、じいさま。どこの小《こ》ぼんさんなのか、あとをつけてみたらどうかのう。」

「おう、そうじゃな。」

じいさまとばあさまは、そっと小《こ》ぼんさんのあとをつけていきました。

ところが、小《こ》ぼんさんの足《あし》のはやいこと、はやいこと。たちまち、見《み》うしなってしまいました。

「ほれ、ばあさんや。かわいいどろの足《あし》あとがついてるだぞ。このあとたどっていけばわかるだ。」

「まあ、ほんとう。かわいい足《あし》あとですねえ。日《ひ》がくれると、見《み》えんようになります。いそぎましょう、じいさま。」

足《あし》あとは、村《むら》のお寺《てら》の門《もん》にはいっていきました。

「おう、こちらのお寺《てら》さんじゃったか。」

ふたりは、その門《もん》をくぐりました。

「あのう、こちらさまに、これこれ、こういう年《とし》かっこうの小《こ》ばんさんはおられますでしょうか。」

「いや、この寺《てら》には、小《こ》ぞうはおりませんぞ。」

「たしかにこちらさんに、はいっていきなすったんじゃが……。」

「そんな小《こ》ぞうは知《し》らんな。」

じいさまとばあさまは、顔《かお》を見《み》あわせました。でも、そんな小《こ》ぞうはいないといわれるので、それいじょうはいえません。

おかしいなあと思《おも》いながら、ふたりはかえりかけました。

ふと、石《いし》だたみのわきの、松《まつ》の木《き》の下《した》にじぞうさまが立《た》っているのが、目《め》にはいりました。

「あれ、じいさま、じいさま。このじぞうさまのお足《あし》はどろだらけ。それにころものすそはどろのはねがあがっています。」

「そうか、おらたちをたすけてくださったんは、このじぞうさまだったか。」

「ありがとうござんした。」

ふたりはていねいにおがんで、お礼《れい》をいいましたと。

正月《しょうがつ》がみさん

むかしむかし、ある村《むら》にじいさまとばあさまがおりましたと。

ある年《とし》のくれ。

「やれやれ、年《とし》こしのそばに、もちでもいれていわいたかったのに、今年《ことし》もまた、まにあわなかったのう。」

「でも、ふたりそろって、年《とし》こしができます。お正月《しょうがつ》さんも、ふたりでおむかえできて、なによりですよ。」

「そうだな。」

と、しゃべっていると、
とん　とん
と、戸《と》をたたく音《おと》がしました。

「まあ、いまじぶん、どなたでしょうか。」

ばあさまが戸《と》をあけると、七人《しちにん》の旅《たび》のひとが立《た》っていました。

「すまんが、雨具《あまぐ》を貸《か》してくださらんか。」

「おや、とうとう雪《ゆき》になりましたか。それはおこまりですね。でも、うちに七本《ななほん》も、かさがあったでしょうかね。じいさま。」

じいさまとばあさまは、家《いえ》じゅうさがしましたが、かさが二本《にほん》、みのが二《に》まいしかありません。

「ああ、まだ三人《さんにん》ぶん、たりませんねえ。」

ばあさまは、えんの下《した》にもぐっていってさがしたところ、ほねだけのやぶれがさが、二本《にほん》でてきました。

「まあ、これではおやくにたちませんねえ。ほねだけですもの。」

「いや、じゅうぶん、じゅうぶん。お借《か》りしていきます。」

「ああ、あとおひとりのぶんがたりません。こまりましたね、じいさま。」

「ああ、あった、あった。おらの雨《あま》がっぱが、かべにかかってる。なんで気《き》がつかんじゃったろう。これをきていってくだされ。」

じいさまは、雨《あま》がっぱをさいごの旅《たび》のひとにきせてやりました。

「いいんですか。だいじにしていらっしゃるんでしょう。」

「いや、どうかつかってくだされ。」

「ありがたい、ありがたい。おかげでぬれずにすみます。」

口《くち》ぐちに礼《れい》をいって、旅《たび》のひとたちは、雪《ゆき》のなかをでていきました。

「ひとさまのおやくにたつのは、うれしいことだ。」

「ほんとうですねえ。」

ふたりは、あたたかい気持《きも》ちになって、やすみました。


それから、一年《いちねん》たちました。

大《おお》みそかのばん。

「お正月《しょうがつ》さんがくるのに、今年《ことし》ももちなしか。」

「でも、ふたりそろって、お正月《しょうがつ》さんをむかえられて、なによりですよ。」

「そうじゃのう。」

と、話《はな》していると、
　とん　とん
戸《と》をたたく音《おと》がしました。

「おや、いまじぶんどなたでしょうか。」

ばあさまが戸《と》をあけると、七人《しちにん》の旅《たび》のひとが立《た》っていました。

「わしらは、きょ年《ねん》の年《とし》こしのばん、雨具《あまぐ》を借《か》りたもんだが、きょうはそのお礼《れい》にきました。」

「あのときは、ろくな雨具《あまぐ》がありませんで。」

「いやいや、おかげでたすかりました。じつは、わしらは正月《しょうかつ》がみで。」

「ひゃあ。」

きょ年《ねん》、みすぼらしく見《み》えたが、今年《ことし》はみんなりっぱでした。

「そこでだ。なにか、ほしいものはありませんか。雨具《あまぐ》の礼《れい》じゃ。」

「いえ、べつにこれといって。」

「正月《しょうがつ》のしたくはおすみか？　もちは？」

「いやあ……、じつはもちはまだで。」

「そうか。では、わしはもちをやろう。」

いちばんはじめのかみさまは、うちでのこづちをふると、ぽたん、ぽってん……とつきたてのもちをだしてくれました。

すると、つぎのかみさまは、

「では、わしは、おとそをおいていきます。」

三《さん》ばんめのかみさまは、

「わしのお礼《れい》は、おいわいのたいじゃ。」

と、ぴんぴんはねる、いきのいいたいをくれました。

「わしは、ごんぼに、だいこん、にんじん、れんこん。」

と、四《よん》ばんめのかみさまも、やさいをどっさりおいていきました。

五《ご》ばんめのかみさまは、

「わしは、じいさまの正月《しょうがつ》のはれぎにしましょう。」

すると、六《ろく》ばんめのかみさまが、

「そんなら、わしはばあさまのきものを。」

さいごのかみさまは、いいました。

「まだ、なにかほしいものはないかね。」

「いいえ、もうじゅうぶんです。わしらだけですから、こんなにいただいても、こまります。子《こ》どもでもいたら、食《た》べてくれるでしょうがね。」

「おお、子《こ》ども、子《こ》ども。わしは子《こ》どもをさずけることにしましょう。お元《がん》日《じつ》の朝《あさ》ふたりは、むきあって、『おめでとう』と、あいさつしなされ。」

じいさまとばあさまは、かみさまにもらったもちや、やさいで、ぞうにをこしらえ、たいをかざり、あたらしいきものをきてすわりました。

「おめでとうございます。」

「はい、おめでとさん。」

顔《かお》をあげて、ふたりはびっくりしました。

ふたりは、なんとはたちそこそこのわかものになっているではありませんか。

それからふたりは、元気《げんき》ではたらきました。

子《こ》どもにもめぐまれ、しあわせにくらしたんですと。

にじのむすめ

むかし、あるところに、わかいりょうしがおりました。

ある夏《なつ》の日《ひ》、ふねをだして、魚《さかな》をとっていると、さあっと雨《あめ》がふってきました。

「こりゃあいかん。いそいでかえろう。」

あわててあみをあげ、浜《はま》へかえってくると、もう雨《あめ》はやんでいました。

ふと目《め》をあげると、松原《まつばら》の上《うえ》に、大《おお》きなにじがかかっているではありませんか。

あんまりうつくしいので、わかものは、ふらふらと松原《まつばら》のなかにはいっていきました。

「あれっ。」

わかものは思《おも》わず、目《め》をこすりました。

にじのねもとには、七人《しちにん》のむすめが、たのしそうにおどっているのでした。

赤《あか》いきものをきたむすめ。

だいだいいろのきもののむすめ。

きいろのきものをきたむすめ。

きみどりのきもののむすめ。

みどりのきものをきたむすめ。

青《あお》いきもののむすめ。

むらさきいろのきものをきたむすめ。

どのきものも、せみのはねのようにすきとおり、ひらひらなびき、ゆらゆられ、あまりにうつくしいので、わかものはぼうっとなってしまいました。

「これが話《はなし》にきいたはごろもだろうか。するとこのむすめたちは、天女《てんにょ》にちがいない。」

むすめのほうも、わかものに気《き》がつきました。

「あら、だれか見《み》ているわ。」

きいろのきもののむすめが、あわてて松《まつ》の木《き》のかげにかくれました。

するとほかのむすめたちも、さっと松《まつ》のかげにかけこんでしまいました。

「見《み》つかったものは、しかたがないわ。」

むらさきいろのきものをきた、いちばん年《とし》かさらしいむすめがでてくると、わかものにいいました。

「わたしたちはにじのむすめです。このにじがきえたら、天《てん》にかえらなくてはなりません。おねがいです。ここでわたしたちのすがたを見《み》たことは、だれにもいわないでくださいませ。」

「ああ、おら、だれにもいうもんか。」

「だいじょうぶよ。みんな、でていらっしゃい。もういちどおどって、天《てん》にかえりましょう。」

青《あお》、みどり、きみどり、きいろ、だいだい、赤《あか》のむすめたちもできました。

そしてまた、あのうつくしい、ゆめのようなおどりをしました。

どのむすめもきれいでしたが、なかでもさいごの、いちばん年《とし》のわかい、赤《あか》いきものをきたむすめが、ひときわかわいらしいと、わかものは思《おも》いました。

「目《め》の下《した》にあるほくろが、いっそうあの子《こ》をひきたてているなあ。」

わかものは、赤《あか》いきもののむすめにちかづいていくと、いいました。

「おら、おまえさまといっしょにくらしたいなあ。ねえ、おらのおよめさんになってくれないか。」

「えっ。」

むすめは赤《あか》くなって、もじもじしました。

「だって、わたしは天《てん》のものです。人間《にんげん》のおよめにはなれません。」

「おねがいだ。そんなこといわんで、いっしょになっておくれ。そのためなら、おら、なんでもするから。」

「それほどおっしゃるなら……。あたし、天《てん》のかみさまにおねがいして、人《にん》間《げん》にしていただきますわ。」

「ほ、ほんとうだね。」

「でも、いつ、どこにうまれかわるのか、わたしにもわかりません。わたしをさがしだしてくださいますか。」

「いいとも、いいとも。なん年《ねん》かかろうと、かならずおまえさまをさがしだしてみせるよ。」

「では、このほくろを目《め》じるしにさがしてくださいませ。」

「ああ、わかった。そのかわいらしいほくろならわすれるもんか。」

にじは、そうながいことでていません。はしのほうから、あわあわときえていきました。

にじのむすめたちは、ねえさんからじゅんじゅんにひとりひとり、うつくしいはごろもをひるがえしながら、天《てん》にかえっていきました。

「さようなら。」

「さようなら。」

「どうか、いもうとのことをよろしく。」

「まってるからね。きっときておくれ。」

さあ、わかものはじっとしていられません。

あの赤《あか》いはごろもをきたむすめが、いつどこにうまれかわってくるか、わからないからでした。

さっそく、さがしにでかけることにしました。

あっちの村《むら》。

こっちの村《むら》。

そっちの村《むら》。

山《やま》をいくつもこえました。

海《うみ》べもていねいにさがしました。

でも、ほくろを持《も》っているむすめにはあえませんでした。

いつのまにか、長《なが》い年月《としつき》がたってしまいました。

「あのにじのむすめは、おらからのがれるため、でまかせをいったのかなあ。」

わかものはとうとうあきらめて、ある長者《ちょうじゃ》のところで、牛《うし》かいになって、はたらくことにしました。

ある日《ひ》、めしつかいがしらがわかもののまえに、ひとりのいろの黒《くろ》い、みっともないむすめをつれてきました。

「きょうからこの子《こ》にも、牛《うし》のせわをさせるからな。ま、よろしくたのむな。」

そこでわかものはむすめに、草《くさ》のかりかたや牛《うし》のあつかいかたをおしえてやりました。

山《やま》ではたらいていると、きゅうにゆうだちがふってきました。ふたりはあわてて、かしの大木《たいぼく》の下《した》にかけこみました。

ふとわかものが見《み》ると、むすめは黒《くろ》いなみだをだしていました。あれっと、よく見《み》ると、むすめは黒《くろ》いなべずみを顔《かお》にぬっており、それが雨《あめ》にながれたのでした。

「なんで、すみなんかぬっているんだ。」

「はい、じつは……。」

と、むすめはじぶんのみのうえ話《ばなし》をはじめました。

「となりの村《むら》のある家《いえ》に、女《おんな》の子《こ》がうまれたんですが、つぎの朝《あさ》、そのあかんぼうのよこにもうひとり、あかんぼうがねていたんです。

『あれまあ、もしかすると、かみさまがさずけてくださったのかもしれない。』

『でも、ふたりもそだてられるでしょうか。』

『なあに、かみさまのさずかりっ子《こ》だ。福《ふく》を持《も》っているにちがいない。』

そこでその家《いえ》の子《こ》に青実《あおみ》、あとからきたむすめには朱実《あけみ》という名《な》をつけて、そだてました。

ところが大《おお》きくなると、朱実《あけみ》はどんどんきりょうがよくなりました。いくらかみさまからのさずかりっ子《こ》といっても、親《おや》にしてみればじぶんの子《こ》のほうが、かわいいものです。

『ああ、これがはんたいだったらなあ。』

と思《おも》うようになりました。

ふたりが年《とし》ごろになると、長者《ちょうじゃ》のところから、

『朱実《あけみ》をうちのよめにもらえんだろうか。』

といってきました。

いよいよそのよめいりの日《ひ》、そのいえの夫婦《ふうふ》は青実《あおみ》にわたぼうしをかぶせ、花《はな》よめいしょうをきせました。

そして朱実《あけみ》の顔《かお》になべずみをぬりたくり、きたないきものをきせて、ここで牛《うし》のせわをさせることにしたのです。」

「そうか。すると、朱実《あけみ》さんってのがおまえさんだね。ひどいことをするひとがいたもんだなあ。」

わかものはむすめを川《かわ》につれていって、顔《かお》をあらってやりました。

なべずみのおちたむすめの顔《かお》は、とてもきれいでした。それどころか……。

わかものは、はっとしました。

「おまえさま、目《め》の下《した》にほくろがあるじゃないか。すると、もしや、おまえさまは……。」

よくきいてみると、やはりにじのむすめだったのです。

「どんなにさがしたことか。やっぱりおら、おまえさまにあうことができた。」

にじのむすめもよろこんで、わかもののおよめさんになることをしょうちしました。

それからふたりは、いつまでもしあわせにくらしたそうです。

たにし長《ちょう》者《じゃ》

あるところに、はたらきものの夫婦《ふうふ》がおりました。

しあわせで、なにもいうことはありませんが、ただひとつ、子《こ》どもがいないことをさびしいと思《おも》っていました。

「すいじんさまにおねがいしたら、子《こ》どもがさずかるかもしれん。」

「そうですね。おまえさん。おまいりにいってみましょう。」

村《むら》のもんにとって、田《た》んぼに水《みず》をくださるすいじんさまは、なによりだいじ。なにかあると、おまいりしていました。

夫婦《ふうふ》は、そろっておねがいにいきました。

「たとえ、たにしみてえにちっこい子《こ》どもでもええ。どうか、さずけてくだされ。」

すると、すいじんさまの声《こえ》がしました。

「そうかそうか。子《こ》どもがほしいか。なに、たにしでええか。よしよし、ちょうどえたにしがおる。これをやろう。たいせつにそだてるんだよ。」
目《め》をあけると、おかみさんのひざの上《うえ》にたにしが、ころんと一《ひと》つのってい
ました。
「あれ、たにしみてえに、ちっこい子《こ》でもええっていったかもしんないけど、
たにしをおねがいしたんじゃねえ。」
夫婦《ふうふ》は、顔《かお》を見《み》あわせました。
「いやいや、すいじんさまのさずかりっ子《こ》だ。そんなこといっちゃ、もうし
わけない。ありがたや、ありがたや。」
おかみさんは、おわんに水《みず》をいれ、たにしをいれました。
「大《おお》きくなれや、大《おお》きくなれよ。」
まい日《にち》、ごはんつぶをやり、だいじにだいじにそだてました。
「もしかしたら、きょうは大《おお》きくなっとるかもしれん。手《て》でも足《あし》でもでて、

かわいいむすこになってるんでねえか。」

夫婦《ふうふ》は、まい朝《あさ》おきて、おわんをのぞくのがたのしみでした。

でもたにしは、きたときの小《ちい》さなたにしのまんまでした。

一年《いちねん》たっても、大《おお》きくなりません。

五年《ごねん》たっても、たにしのまんま。

十年《じゅうねん》たっても、大《おお》きくならず、口《くち》もきいてくれません。

それでもふたりは、すいじんさまのさずかりっ子《こ》だと、たにしをだいじにそだてました。

ある日《ひ》、おとっつあんは、ねんぐの米《こめ》を馬《うま》につけながら、いったんですと。

「やれやれ、わしも年《とし》をとったもんだ。馬《うま》をひくのが、なんぎになった。」

すると、どこからか声《こえ》がしました。

「じゃあ、おらが馬《うま》をひくだ。」

「うん？　だ、だれだい。」

見《み》まわしましたが、だれもいません。

「おらだよ。たにしのむすこだよ。」

「ええっ、おまえ、口《くち》がきけるんか？　こりゃ、たまげた。でも、どうやって馬《うま》をひいてくつもりだ。」

「あい、おとっつあん、米《こめ》のたわらを馬《うま》につけたら、その上《うえ》に、おらをのっけてくだされ。」

そこでおとっつあんは、たにしのいうとおりにしました。

「そんなら、いってくる。」

たにしは、いつおぼえたのか、まご歌《うた》まで、うたいだしました。

ハア　あさの　でがけに

やまさ　みればよう
きりの　かからぬ
やまは　ない
ハイ　どうどう

「さすがすいじんさまからいただいたむすこよ、ありがたい、ありがたい。」

夫婦《ふうふ》はうれしくて、うれしくて、すいじんさまのほうにむかって、手《て》をあわせました。


さてたにしは、名主《なぬし》の家《いえ》につくと、大声《おおごえ》でさけびました。

「ねんぐの米《こめ》を、持《も》ってきましただあ。」

名主《なぬし》がでてみると、だあれもいません。

「ここ、ここ。おら、米《こめ》だわらの上《うえ》にいますだ。おら、米《こめ》をおろすことができませんで、おろしてくだされ。」

これには名主《なぬし》もびっくり。

「りゃあ、おまえさん、よく馬《うま》をひいてきたな。たいしたもんだ。」

名主《なぬし》どんは、たにしがすっかり気《き》にいって、ざしきにとおしました。

「おい、ごちそうを持《も》ってこい。」

と、家《いえ》のものにいいつけました。

たにしは、やいた魚《さかな》も、さといもとこんにゃくのにつけも、こまつなのしらあえもじょうずに食《た》べました。

「ごちそうになりました。」

と、ぎょうぎはいいし、名主《なぬし》どんはますます気《き》にいり、ついにいってしまったんですと。

「わしには、むすめがふたりいるだ。どっちか、よめにやろう。」

そして、たにしがかえってから、なぬしどんは、むすめたちをよんでいいました。

「どっちでもええ。たにしのよめにならんか。みどころのあるたにしだ。」

「いやだあ、だれがたにしなんかと。」

あねむすめは、ぷんぷんおこって、でていきました。

「おまえも、いやか。」

名主《なぬし》どんは、いもうとむすめにききました。

「いいわよ。だって、おとっつあんはやくそくしてしまったんでしょ。それに、たにしでも、すいじんさまのもうし子《ご》だっていうんでしょう。」

こういうわけで、いもうとむすめは、たにしの家《いえ》によめいりしました。

このよめさんのはたらくこと、はたらくこと。すいじせんたくから、畑仕《はたけし》事《ごと》までやりました。

「ああ、よいよめがきてくれた。おかげでうちのなかが、ぱっとあかるくなった。これもすいじんさまのおかげだ。ありがたや　ありがたや。」

夫婦《ふうふ》は、うれしそうにいいました。

ある日《ひ》、たにしとよめは、すいじんさまにおまいりにいくことにしました。

よめは、たにしをおびにはさんで、道《みち》みち、話《はな》しながらいきました。

たにしのすがたは、村《むら》のみんなからは見《み》えません。

「ありゃ、うつくしいあねさまがひとりでしゃべったり、わらったり……。かわいそうに、気《き》がおかしくなったんではないだろうね。」

とりいまでくると、たにしはいいました。

「おいら、ここからはいれねえ。ここでまっているから、おまえさん、ひとりでおまいりしてくれや。」

「そうですか。では、いそいでおまいりしてきます。とんびやからすにつつかれないよう気《き》をつけてくださいまし。」

よめさんは、たにしをおびからだして、とりいの台《だい》におきました。

おまいりをすませてもどってみると、たにしはいません。

「おまえさまあ、どこにいなさるの？　田《た》んぼに、ころげおちたんだろうか。」

よめさんは、田《た》んぼにはいっていきました。

たちまち、きれいなたもとも、すそも、どろまみれです。顔《かお》にまで、どろのはねがとびました。

「あれまあ、見《み》ろや。かわいいあねさまが、田《た》んぼでころげまわっていなさる。やはりおかしくなったんだね。」

「おまえさまあ、おまえさまあ。」

よめさんはなきながら、田《た》んぼをはいまわりました。

「こんなにさがしてもいないということは、からすがくわえて、すにはこんだのかもしれない。」

よめさんは、田《た》んぼのどろのなかにすわりこんで、なきだしました。

そのときです。

「よめこ、よめこ、なにをないてる。」

よびかける声《こえ》がしました。

よめさんが、なみだの目《め》でふりかえるとなんと、りっぱなわかものが立《た》っているではありませんか。

「おいらだよ。たにしだよ。田《た》んぼのどろのなか、よう、さがしまわってくれた。おまえさんのまごころで、おいら、人間《にんげん》になれただ。」

ふたりは、手《て》をとりあって、うちへかえりました。

「ありがたや、ありがたや。これもすいじんさまのおかげ。」

年《とし》をとった夫婦《ふうふ》も大《おお》よろこびでした。

わかい夫婦《ふうふ》が、せっせとはたらいたので、みるみるゆたかになり、「たにし長者《ちょうじゃ》」とよばれるようになりましたと。

ねずみのよめいり

むかし、あるところにねずみの一家《いっか》がありましたと。

おとっつあんのねずみ。

おっかさんのねずみ。

それから、かわいいひとりむすめのねずみ。

むすめが年《とし》ごろになったので、おっかさんねずみは、おとっつあんにいいました。

「ねえ、おまえさん。そろそろこの子《こ》のおよめいりのことを、かんがえてけろ。」

「まだ、はやい。」

おとっつあんねずみは、はんたいしました。

かわいいひとりむすめを、よめにやってしまうのが、なんともおしくてならなかったんですと。

するとそこへ、しんるいのおじさんねずみがやってきました。

「おまえんちのむすめっ子《こ》に、えんだんを持《も》ってきただよう。となり村《むら》の村《そん》長《ちょう》どんのあととりむすこだ。」

「ふん、まだはやい。よけいなおせっかいはしなくてええだ。」

「あれ、おめえ、親《おや》でねえか。むすめのえんだんのじゃまして、どうするだよ。」

「ふん、じゃましてるわけでねえだよ。かわいいむすめを、ねずみになんかやれっか。」

「へーえ、じゃだれにやるつもりだい？」

「うーん、せかいでいちばん、えれえむこどのってのは……、そうさなあ。さしずめおてんとうさまかのう。」

おとっつあんねずみは、むすめをてばなしたくなかったもんで、ついつい、でっかいことをいってしまったんですと。

おせっかいのしんるいも、あきらめてくれるかと思《おも》ったのです。

「おてんとうさまだあ？　なにばかなことといってるだ。つりあいってもんがあんぞ。高《たか》のぞみしやがって。」

おじさんは、あきれてしまいました。

ところが、このおじさんねずみは、ねっからのせわずきなもんで、

「そうか。おてんとうさまねえ。ま、だめでもともと。いっちょうかけあってみっか。」

おじさんねずみは、おてんとうさまのところにいきました。

「もうし、おてんとうさま、おらたちのいちぞくのじまんのむすめが、年《とし》ごろになりましただ。ついてはおてんとうさまよ、むすめをよめにもらって

もらえねえだろうかね。」

「ほう。」

「きりょうはええ。おまけにきだても、あたまもええ。」

「ほう。どうしてわしをえらびなすったのかね。」

おてんとうさまは、にこにこしていいました。

「へえ、おてんとうさまは、せかいでいちばん、えれえおかたでよう。」

「いやいや、とんでもない。せかいでいちばんといやあ、雲《くも》どんだな。雲《くも》がでてくりゃあ、わしがどんなにがんばっても、たちまち、光《ひかり》はうすれてしまうよ。」

「な、なあるほど……。」

おじさんねずみは、かえってくると、みんなにおてんとうさまのいったことをつたえました。

「あれ、そうかね。せかいでいちばんってのは雲《くも》さんだったのかい。」

おっかさんねずみはいいました。

「おてんとうさまでも、雲《くも》さんでも、せかいいちなら、どっちでもいいよ、ねえ、おまえさん。」

おっかさんねずみはうきうきしているのに、おとっつあんのほうは、しぶい顔《かお》をしているんですと。

とにかくむすめのえんだんが、すすむのが気《き》にいらなかったんですと。

「このえんだんは、なにがなんでも、おいらがまとめてえ。」

おじさんねずみは、雲《くも》のところにいきました。

「雲《くも》どん、雲《くも》どん。おらたちのいちぞくの、じまんのむすめっ子《こ》が、年《とし》ごろになりましただ。ねずみこまちとひょうばんのむすめだで、よめにもらってもらえますめえか。」

「へーえ、どうして、このわしをえらばれなすった?」

「あい、あんたさんは、せかいでいちばん、えれえおかただで。」

「そいつは、まっことうれしい話《はなし》だが、せかいいちってえのは、けんとうがちがうだよ。どんなにおいらががんばってもよう、風《かぜ》どんがひとふきしたら、おいらは、天《てん》にはいられなくなるだよ。せかいいちは風《かぜ》どんだ。」

「へえ、上《うえ》には上《うえ》があるもんだ。」

おじさんねずみは、かえってくると、みんなに風《かぜ》の話《はなし》をしました。

「あれまあ、せかいでいちばんってえのは、風《かぜ》さんだったのかねえ。ねえ、おまえ、どうだい。風《かぜ》さんのとこに、およめにいくかね。」

おっかさんねずみがきくと、むすめは下《した》をむいたまんま、だまっていたんですと。

だまっているのは、しょうちってわけか。はずかしがってるんだと、おじさんはかってにきめてしまいました。

「そうときまれば、もうひとっぱしりいってこよう。」

おじさんはこんどこそと、風《かぜ》のところにでかけていきました。

「風《かぜ》どん、風《かぜ》どん。おらたちのいちぞくのじまんのむすめが、年《とし》ごろになったださよ。ついてはそのむすめをよめにもらってけろ。ぎょうぎさほうも、ひととおりしこんでありますだ。」

「ほう。またどうして、おいらをえらびなすったのけ？」

「あい、風《かぜ》どんが、せかいでいちばん、えれえおかただと、ききやした。」

「ところがどっこい。そうはいかねえんだな、これが。いくらおいらがふきまくってもよう、かべどんってのがいるだ。かべどんは、びくともせん。

かべどんこそ、せかいいちのむこどんじゃねえのけ。」

「な、なあるほど。」


おじさんねずみはかえってくると、みんなにいいました。

「風《かぜ》よりええのは、かべだとよ。」

「そういやあ、かべはがっちり、びくともしないね。せかいいちおおものかもしんないね、おとっつあん。」

おっかさんねずみは、ふくれているおとっつあんねずみにいったんですと。

「ものごとはついでだ。よし、かべどんのところにいって、たのんでみっか。」

おじさんねずみは、またとびだしていきました。

「ええ、かべどん、かべどん。おらたちのいちぞくのじまんのむすめが、年《とし》ごろになっただ。しんるい一同《いちどう》、だんごうのけっか、かべどんによめにもらってもらうべときめただよ。」

「へーえ、どうしておいらにきめただ？」

「あい、かべどんこそ、せかいでいちばん、ええおかただだからだあよ。」

「なにをおっしゃるねずみどん。おいらがどんなにふんばっておってもよ、ねずみどんにかじられたら、たちまちあながあくだよ。せかいでいちばんてえのは、おまえさんら、ねずみどんにきまってらあね。」

「な、なあるほど、もっともだ、もっともだ。」


おじさんねずみはかえってくると、かべのいったことを、みんなにつたえました。

「せかいでいちばんええのは、おらたちねずみだとよ。」

「うーん、そうかもしんねえ。」

「ついては、おいらがさいしょに持《も》ってきたえんだんはどうだね。となり村《むら》の村長《そんちょう》のあととりむすこだよ。」

「ねがってもないごえんだよ、ねえ、おまえもそれでええな。」

おっかさんねずみがむすめにきくと、むすめはもじもじ、小《ちい》さな声《こえ》でいったんですと。

「ねずみでよかった。」

それをきくと、さすがのおとっつあんねずみも、やっとむすめを、よめにやる気《き》になったんですと。

いよいよ、よめいりの日《ひ》がきました。

たんす七《なな》さお。

ながもち五《いつ》つ。

つづらが三《みっ》つに。
こうりが二《ふた》つ。
かがみに、たらいに、おはり箱《ばこ》。
ごうせいな、はなよめぎょうれつだったんですと。

おむすびころりん

むかしむかし、あるところに、はたらきもののじいさまとばあさまがおりましたと。

じいさまは、山《やま》からしばをきりだしてきて、それを売《う》ってくらしをたてておりました。

ある日《ひ》、じいさまは、

「どら、おらあ、これから山《やま》さいってくっから、べんとうこさえてけろ。」

「おうおう、それはごくろうなこった。べんとうは、なんにしようかの。」

「ごまのむすびが、ええ。」

そこで、ばあさまは、ごまのおむすびに、みそづけをそえて持《も》たせました。

じいさまは、やっこらやっこら、山《やま》にのぼっていきました。

ずーか　ずーか　まきせんぼん

ずいこ　ずいこ　えだせんぼん

じいさまはうたいながら、枝《えだ》をおろしてたばねていると、ひるになってしまいました。

「どら、べんとうにしようかね。」

じいさまは、木《き》のかぶにこしをおろして、べんとうのつつみをあけたとたん、おむすびがひとつ、
ころ　ころ　ころ　ころ
と、ころがりおちましたと。

「おっとっと、まっておくれ。」

おむすびは、まってなんかいません。

ころんころんころがっていって、小《ちい》さなあなにすとんとおっこちてしまい

ました。

すると、ふしぎなことに、そのあなからかわいい歌《うた》がきこえてきました。

おむすび　ころりん　すっとん　とん
ごまの　おむすび　すっとん　とん

「こりゃあ、たまげた。どれどれ、ためしにもうひとつ、おっことしてみようか。」

じいさまは、おむすびをもうひとつ、あなにころがしてみました。

すると、またかわいい歌《うた》がきこえてきました。

おむすび　ころりん　すっとん　とん

もひとつ　おまけに　すっとん　とん

「やあ、これはゆかい、ゆかい。いったいこのあなんなかは、どんなあんばいになってるんだろ。」

じいさまははらばいになって、小《ちい》さなあなをのぞきこみました。

すると、ずるずるっと、あなにひっぱりこまれそうになりました。

「ありゃ、たすけてくれやあ。」

といったけど、もうおそい。じいさまは、すっぽーんと、あなにおっこちてしまいました。

すると、こんどは耳《みみ》のすぐちかくで、かわいい歌《うた》がきこえてきました。

おむすび　ころりん　すっとん　とん

じいさま　ころりん　すっとん　とん

目《め》をあけて見《み》まわすと、びっくりしました。

なんとそこは、それはそれはきれいなおざしきだったんですと。

金《きん》のびょうぶをたてまわし、金《きん》の火《ひ》ばちには、金《きん》の茶《ちゃ》がまがのっていて、ちんちんおゆがわいていました。

「じいさま、ようこそ。」

「じいさま、よくいらっしゃいました。」

「じいさま、おいしいおむすびを、どうもありがとう。」

ねずみたちがぞろぞろでてきて、じいさまにあいさつしたんですと。

「さあ、みんな。じいさまにごちそうしましょう。おどりもおめにかけましょう。」

「そうだ、そうだ。それがいい。」

「じいさま、どうかここにすわってくだされ。」

ねずみのおっかさんが、ちりめんのざぶとんをはこんできて、とこのまのまえにおいてくれました。

ざしきのむこうの土間《どま》では、ねずみのわかいしゅたちが、もちつきをはじめました。

だいどころでは、
やさいをあらうねずみ。

魚《さかな》をやくねずみ。

もち米《ごめ》をとぐねずみ。

かまどにたきぎをくべるねずみ。

せいろをしかけるねずみ。

火《ひ》ふきだけをふくねずみ。
おさらやどんぶりをはこぶねずみ。
みんなで歌《うた》をうたいながら、たのしそうにはたらいていました。

よーいとんな　よいとんな
百《ひゃく》になっても
二《に》百《ひゃく》になっても
にゃあごの声《こえ》は　ききたくねえ
とんとか　とん
とんとか　とん

「じいさま、どうか、はしをつけてくだされ。」

一《いち》のぜんには、たいのやきもの、はまぐりのおつゆ、まきするめ。

二《に》のぜんには、くわい、しいたけ、れんこん、ごぼう、にんじんのにもの。

三《さん》のぜんには、うど、みつば、たこのすのもの、くりきんとん、あわゆきかん。

つぎつぎ、じいさまのまえにならべられました。

「おお、このつきたてのもちのうんまいこと。ひとくち食《た》べると、ほうべたがおちそう。ふたくち食《た》べると、こしがぴーんとのびそうだわ。」

するとこんどは、しゃみせんにたいこ、ふえをかかえたむすめのねずみたちが、歌《うた》をうたったんですと。

赤《あか》いたもとのむすめたちも、一《いち》れつにならんで、おどりだしました。

ねずみ　ねずみ

なに見《み》て　かじる
たんすに　ながもち
見《み》て　かじる

ふと気《き》がつくと、日《ひ》がかげって、ゆうがたがちかくなっていました。

「こりゃあ、ながいをしてしもうた。うちで、ばあさまが心配《しんぱい》してるかもしれぬ。どりゃ、おいとましましょう。」

「では、これをばあさまに持《も》っていってくだされ。」

ねずみは、重箱《じゅうばこ》につきたてのもちを、ぎっしりつめてくれました。

うちへかえると、じいさまは、きょうのふしぎなできごとを、ばあさまに話《はな》しました。

そして、みやげの重箱《じゅうばこ》をあけてみると、どうでしょう。

おもちはいつのまにか、こばんになっていたんですと。

ところで、このけっこうな話《はなし》を、となりのよくばりなじいさんとばあさんがきいていたんですと。

「なんともうらやましくってなんね。じいさん、あんたもごっそうよばれて、こばんさずっぽりもらってきなされ。」

「そうさな。あした、むすびこさえてけれ。おら、ねずみあなにいって、ねずみのたからごっそりもらってくるだ。」

つぎの朝《あさ》、ばあさんのこさえたみそのおむすびを持《も》って、よくばりなじいさんはでかけました。

じいさんは山《やま》にいっても、しばはからず、木《き》もきらず、まず、おむすびをころがしました。

「やい、みそむすびめ、ころがれころがれ。ねずみのあなさ、はやくいけ。」

おむすびは、ころころころがって、すとんと、ねずみのあなにおっこちました。

すると、きいていたとおり、かわいい歌声《うたごえ》がきこえてきました。

おむすび　ころりん　すっとん　とん
みそのおむすび　すっとん　とん

「おお、おお、このあな、このあな。おらもへえんべ。」

おむすび　ころりん　すっとん　とん
じいさん　ころりん　すっとん　とん

じいさんは、きれいなざしきにつくと、大声《おおごえ》でいいました。

「ああ、あいさつなんかどうでもええ。そんなめんどくさいのはいいから、ごっつおうだ。ごっつおうだ。どんどん持《も》ってこう。さけはまだか。」

土間《どま》では、ねずみのわかいしゅたちのもちつきが、はじまっていました。

よーいとんな　よいとんな
百《ひゃく》になっても
二百《にひゃく》になっても
にゃあごの声《こえ》は　ききたくねえ
　とんとか　とん
とんとか　とん

よくかきのじいさんは、あたりをそっと見《み》まわしました。
金《きん》の火《ひ》ばちもほしい。
金《きん》の茶《ちゃ》がまもほしい。
金《きん》のびょうぶも……。
「うん、このざしきのもの、みんないただきだ。」
そこでじいさんは、よこをむくと、大声《おおごえ》でさけびました。

にゃあーご

ねずみたちはびっくりぎょうてん。
あっちに、ちゅうちゅう。
こっちに、ちゅうちゅう。

はしらを、はいのぼったり。
てんじょうのはりを、はしったり。
たちまちどこかにいってしまいました。
すると、ざしきのあかりもぱっときえて、じいさんは出口《でぐち》がわからず、

あっちに　うろうろ
こっちに　おろおろ

手《て》さぐり、足《あし》さぐり、まっくらななかをはいまわって、とうとうもぐらになってしまったんですと。

こしおれすずめ

むかし、ある村《むら》にやさしいばあさまがおりました。

ある日《ひ》のこと、村《むら》の子《こ》どもたちが、のきのすずめのすをまとにして、石《いし》をぶつけていました。

かわいそうに、石《いし》があたって、すずめの子《こ》は地面《じめん》にほうりだされてしまいました。

ぱたぱた　ちいちい
ぱたぱた　ちいちい
たすけて　たすけて

すると、それをからすが見《み》つけました。

「おっ、こいつはいいおもちゃが見《み》つかったぞ。」

すずめの子《こ》は、地面《じめん》をころがって、からすからにげまわりました。

ぱたぱた　ちいちい

ぱたぱた　ちいちい
　たすけて　たすけて
するど、それをばあさまが見《み》つけました。

「すずめに石《いし》をぶつけたのはだれだい。それを、からすまでねらうんだから。」

ばあさまは両手《りょうて》で、すずめの子《こ》をすくいあげました。

「おお、おお、かわいそうに。こしをいためとる。」

やさしくかいほうしてやったので、すずめの子《こ》は、日《ひ》に日《ひ》に元気《げんき》になりました。

「もうだいじょうぶね。さ、おうちへおかえり。いいかい、いたずらっ子《こ》には気《き》をつけるんだよ。からすにつかまったりしないようにね。」

ばあさまは、すずめの子《こ》をはなしてやりました。

十日《とおか》ほどたってからでした。

ばあさまの家《いえ》ののきで、ちいちい、すずめの声《こえ》がしました。

「おやまあ、あんた、このあいだの子《こ》すずめじゃないか。もう、こしはなおったのかい。ようわすれんで、きてくれましたね。」

すずめの子《こ》は、口《くち》になにかくわえており、それを、ぽとんとおとしていきました。

「あらあら、これはひょうたんのたねじゃないの。いいものを持《も》ってきてくれたわね。ありがとうよ。」

ばあさまは、そのたねをまきました。

すると、まもなく芽《め》がで、つるがのびて、葉《は》をしげらせました。

ひょうたん　ひょうたん
たくさん　なったら
だれに　やろ
たろうに　やろ
じろうにも　やろ

夏《なつ》のゆうがた、白《しろ》い花《はな》がさき、秋《あき》になると、大《おお》きなひょうたんがぶらんぶらん、たくさんなりました。

ばあさまは、村《むら》のひとたちにくばってまわりましたが、まだ一《ひと》つのこりました。

「これは、かわかして、いれものにしよう。」

ばあさまがさいごのひょうたんをとりいれようとすると、おもいこと、おもいこと。

口《くち》をきってみると、なかには、ぎっしりお米《こめ》がつまっていました。おけにざあっとあけても、ふたをしておくと、つぎの日《ひ》には、また、口《くち》いっぱいにぎっしり、お米《こめ》がつまっているのでした。

さて、となりには、すこしよくばりのばあさんがいました。

「あらあら、いいわねえ。お米《こめ》のでるひょうたんとは、うらやましい話《はなし》ねえ。なになに、こしをおったすずめをたすけたからだって？　こうしちゃいられない。おらもすずめをめっけてこなくっちゃ。」

けれども、そうつごうよく、こしをおったすずめなんかいません。

そこで、はしごをかけて、のきのすからすずめの子《こ》をつかみだしました。

そして、そのこしをぺきっとおりました。

「よしよし、これでしたくはととのった。つぎはどうしたらいいんだろう。となりのばあさんにきいてこよう。」

よくばりばあさんは、すずめの子《こ》を手《て》にのせて、となりにいきました。

「すずめが、すからおちてねえ。」

「あら、こしがおれてるようね。はよう手《て》あてをしなくては。どれ、くすりをぬってあげましょう。」

「なにすんのよ。これはおらのすずめの子《こ》だよ。手《て》あてはおらがするよ。どのくすりがいいいか、ききにきただけだよ。」

「では、これをつけてやって。」

よくばりばあさんは、くすりをひったくると、あわててかえりました。

手《て》あてをちょこっとすると、ばあさんはすずめの子《こ》をはなしてやりました。

「いいかい、わすれるんじゃないよ。ひょうたんのたねを持《も》ってくるんだよ。」

十日《とおか》たつと、すずめの子《こ》は、ひょうたんのたねをくわえてやってきました。

「おそかったじゃないか。たねをこっちにおよこし。」

よくばりばあさんは、たねをうえました。

はやく　芽《め》をだせ
ひょうたんのたね
つるだせ
みがなれ
千《せん》も　なれ
万《まん》も　なれ

秋《あき》になると、ひょうたんがどっさりなりました。
よくばりですから、だれにもやるつもりなんかありません。
とられちゃたいへんと、まい日《にち》かずをかぞえて、ばんをしていました。
さて、とれるくらいに大《おお》きくなりました。
ばあさんは、ひょうたんを一《ひと》つもぎって口《くち》をあけました。
でてきたのは、お米《こめ》……じゃなくて――、
あぶ
はち
か
はえ
ばあさんは、虫《むし》においまわされ、にげまわりましたって。

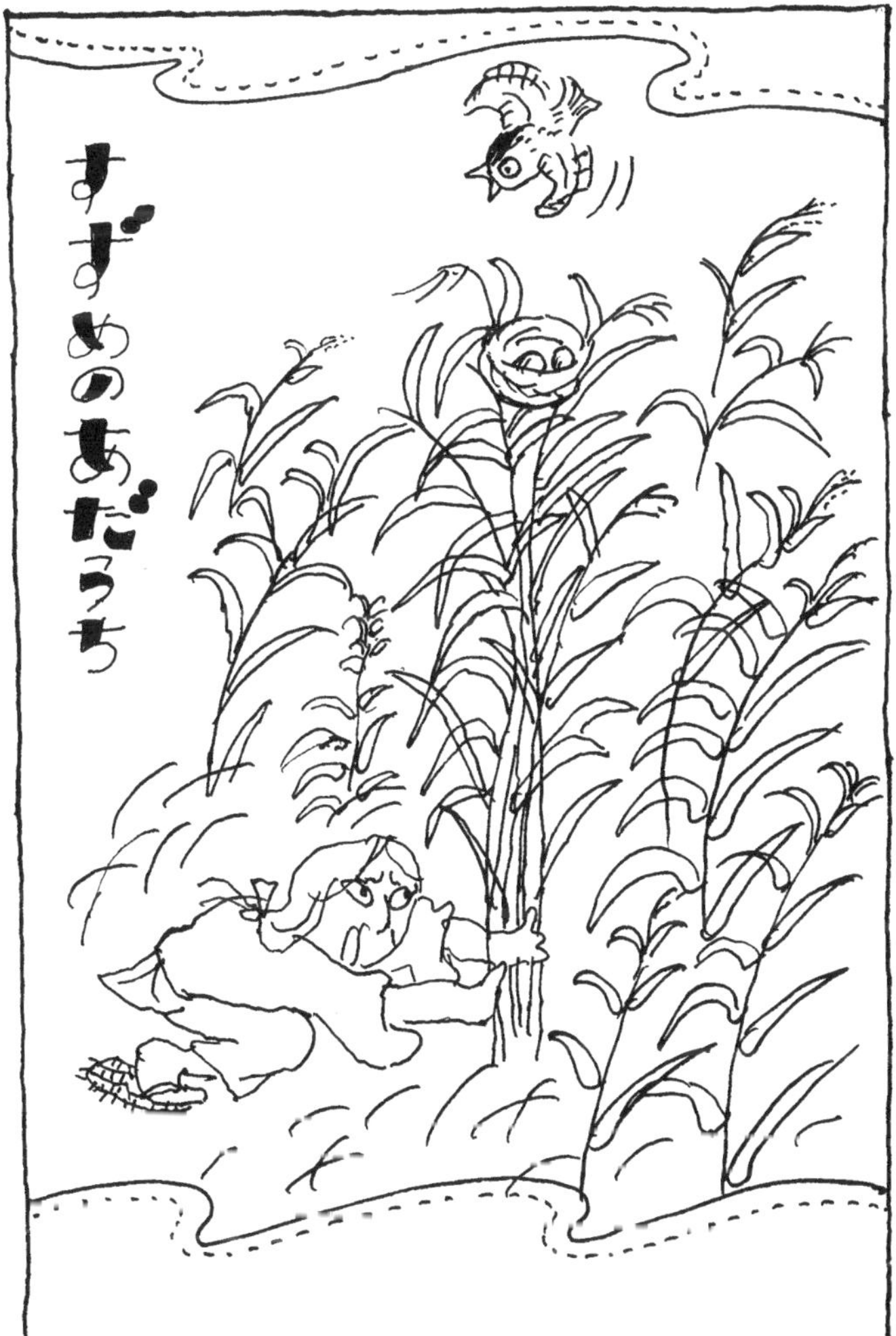
すずめのあだうち

むかしむかし、池《いけ》のふちのあしのなかに、すずめがすをつくっていましたと。

風《かぜ》がふいて、さわさわ、あしがうたうと、すずめもつられて、

つるん　ちょん　つるん　ちょん

と、いい声《こえ》でないていたんですと。

ある日《ひ》、すずめはたまごを三《みっ》つうんで、だいじにだいじに、むねにだいて、あたためていました。

すると、そこにやまんばがやってきました。

「すずめどん、すずめどん。おらも、おめみてえに、歌《うた》っこうまくなりてえもんだ。おめのたまご、ひとつけろやあ。つるつるんとのんでみたら、歌《うた》っこうまくなっかもしんねえ。」

すずめは、びっくりしてことわりました。

「いやよ。三《みっ》つしかねえもん、やらねえ。」

「んだば、このあしひっこぬくぞ。そんでもええか?」

やまんばは、すをささえているあしをゆっさゆっさ、ゆすぶりました。

ゆすぶられたんじゃ、しょうがねえ。すずめはだいじなたまごを一《ひと》つ、やまんばにやったんですと。

やまんばは、つるつるっと、のんでしまいました。あんまりうまかったもんで、

「すずめどん、すずめどん、たまご、もう一《ひと》つけろやあ。」

と、さわぎました。

「いま、一《ひと》つやったばっかでねえか。もうやらんねえ。」

「ほんなら、あしをひっこぬいてやる。」

やまんばは、あしに手《て》をかけて、ゆっさゆっさ、ゆすぶりました。

すずめは、おっかなくなって、たまごをやりました。

「んだば、これでおしめえだよ。」

やまんばは、また、つるつるっとのんでしまいました。

あんまりうまかったもんで、またいいました。

「たまごけろやあ、たまごけろってば。」

「もう、やらんねえ。」

「ほんなら、あしをひっこぬくぞ。」

ゆっさゆっさ、あしをゆすぶったので、だいじなたまごは、ころんとあしの根《ね》っこにころがってしまいました。

「あんれ、おらのだいじなたまごが……。」

すずめは、つるんつるん、なきました。

やまんばも、たまごが見《み》えなくなったもんで、おこりだしました。

「たまごがなきゃ、おめでもええ。」

と、すずめをむしゃむしゃと、くっちまったんですと。

さて、やまんばにすをゆすぶられておっこちたたまごは、あしのかれっぱにくるまって、うまくかえりました。

ちっこい子《こ》すずめは、いまに大《おお》きくなったら、きっとおっかちゃんのあだをとるべと、こころにちかったんですと。

あっちの田《た》んぼでおちぼをひろい、こっちの田《た》んぼでは、いねのほを一本《いっぽん》ひっこぬき、それをあつめて、だんごをつくりました。

「米《こめ》のだんご、ほんまのだんご。」

と、ふれていくと、むこうからとちの実《み》がころんころん、ころがってきました。

「あんれ、おめえ、どこさいぐ?」

「あい、おがさんとあにさんが、やまんばにやられちまって、おら、あだとりにいくっす。」

「おまえの持《も》ってるのは、ほんまに米《こめ》のだんごか？」

「あい。」

「一《ひと》つ、けろ。そしたらおら、すけだちすって。」

だんごをもらったとちの実《み》と、子《こ》すずめがつれだっていくと、むこうから
はりが、じがもぎ、じがもぎ、あるいてきました。

「子《こ》すずめどんに、とちの実《み》どん、どこさいぐ？」

「あい、おら、おがさんとあにさんのあださ、うちにいぐす。とちの実《み》どん
は、すけっとだっす。」

「おめの持《も》ってるのは、ほんまに、米《こめ》のだんごか？」

「あい。」

「一《ひと》つけろ。したば、おらも力《ちから》かす。」

はりもついてきたんだそうです。

またどんどんいくと、谷川《たにがわ》のところで、さわがにが、かさこそ、はってい
ましたと。

「あれ、おめだち、つれだってどこさいぐ?」

「あい、おやきょうだいのあだうちに、やまんばのとこさ、いぐっす。」

「おめの持《も》っているだんご、おらにくれたらおれもついていぐ。」

と、さわがにもついてきました。

山《やま》をどんどんのぼっていくと、牛《うし》のくそが、びったらびったら、おりてき
ました。

「おんや、子《こ》すずめどんにとちの実《み》どん、それにはりどんとさわがにどん、
そろうてどこさいぐ?」

「あい、おがさんとあにさんのあだうちに。」

「ほだら、おらもかててもらいますべ。」

牛《うし》のくそも、だんごをもらって、びったらびったら、ついてきました。

山道《やまみち》をどんどんいくと、大《おお》きな石《いし》うすが、ごろら、ごろらころがってきました。

「みんなでつれだって、どこさいぐっす？」

「あい、おがさんと、あにさんのあだうちにいくっす。」

「よしよし、ほなら、おらもいぐす。おらがついていくからには、もう心配《しんぱい》ねえ。」

石《いし》うすも、だんごをもらって、なかまいりをしたんですと。

みんなそろって、やまんばの家《いえ》さいくと、あいにくるすでした。

「ちょうどいい。めいめい持《も》ち場《ば》さきめて、かくれていよう。」

と、いろいろきめました。

日《ひ》ぐれになると、やまんばがかえってきました。

「ああ、さぶ、さぶ。山風《やまかぜ》はしみるっちゃ。」

といいながら、火《ひ》をおこして、手《て》をかざしました。

すると、はいのなかにかくれていたとちの実《み》が、ずっぱーんとけねました。

「ああ、いて、いて、いて。だれだ。おらのほうべたなぐったのは。」

やまんばが、どすんとしりもちをつくと、むしろにかくれていたはりが、じがっとささりました。

「いて、いて、いて。だれだ。おらのしりっぺたひっかくのは。」

やまんばが、ほっぺたに水《みず》をつけてひやすべと、水《みず》がめのところにいきました。

さわがにが、水《みず》がめのかげにかくれていましたが、やまんばの足《めし》のゆびを、ぎっちりつねったんですと。

「いて、いて、いて。だれだ。おらの足《あし》さつねったのは。」

やまんばは、あわてて外《そと》ににげだそうとしましたら、戸口《とぐち》に牛《うし》のくそがまちかまえていました。

すってーんと、やまんばは、すべってこけました。

すると、のきにあがってまっていた石《いし》うすがおちてきて、やまんばをおっつぶしたんですと。

ようやっと、子《こ》すずめはあだうちができましたと。

ししときつね

むかしむかし、てんじくに、ししの王《おう》さまがいました。

王《おう》さまは、声《こえ》じまんで、しょっちゅう、

「あ、あ、あ、あ、あぁ――。

うおーっ。」

と、うなるれんしゅうをしていました。

だから、すっかりうでをあげ、ちかごろでは、ひと声《こえ》、

「うわーぉ。」

とやると、宮殿《きゅうでん》のだいどころの茶《ちゃ》わんも、さらも、なべも、かまも、ちりんちりん、ぱりんぱりんと、ひびがはいりました。

ふた声《こえ》、

「うわぁーおぉぉぉ。」

とうなると、うら山《やま》にぴりりりとさけ目《め》ができ、がさ、がさ、がさ、がちゃ、

がちゃ、がちゃ、どたーんと、山《やま》つなみがおこり、王《おう》さまの宮殿《きゅうでん》も、町《まち》の家《いえ》いえも、こわれてしまいます。

そして、三声《みこえ》、

「うっ、わっわ、わ、わ、わ、わおううう。」

とほえようもんなら、きいているひとたちの首《くび》が、ころんとおちてしまうんだそうです。

だから、めったにうなれないそうで。

その話《はなし》をきいた、日本《にほん》のきつねは、

「へーえ、ししの王《おう》さまにあってみてえ。王《おう》さまのうなり声《ごえ》をきいてみてえ。てんじくにいってこよう。」

「なにぃ、ししの王《おう》さまの声《こえ》がききてえ？　ばかなことをかんがえるんじゃねえ。」

「いいか。ちりんちりんのがちゃがちゃのころんって、いうじゃないか。よせよせ。」
「おめえ、てんじくって、どこにあんのか、知《し》ってるのか。」
なかまがとめるのもきかず、きつねは、
「さらば、さらば、みなのしゅう。」
と、でかけました。
まず、堺《さかい》のみなとから、ふねにのりました。
大《おお》なみ、小《こ》なみ、よせてこようが、大風《おおかぜ》小風《こかぜ》、ふきまくろうが、そんなこと、かまわず、
どんどん　どんどん　どんどん
どんどん　どんどん　どんどん
いきました。

瀬戸内海《せとないかい》をとおりぬけ、玄界灘《げんかいなだ》もなんのその、朝鮮半島《ちょうせんはんとう》右《みぎ》に見《み》て、ついたところは唐《から》のくに。

上陸《じょうりく》してみると、目《め》のまえに高《たか》い山《やま》がびょうぶのようにそびえていました。まるで、かみさまが、「これいじょういくな」と、とおせんぼしているみたいです。

きつねはそんなこと、いっこうに気《き》にせず、

どんどん　どんどん　どんどん

どんどん　どんどん　どんどん

いきました。

おつぎは、海《うみ》のようにひろい川《かわ》がゆったり、ながれていました。

きつねはいかだをつくって、

どんどん　どんどん　どんどん

どんどん　どんどん　どんどん

すすみました。

すると、こんどはわたるのに、三《さん》、七《しち》、二十一日《にじゅういちにち》かかるさばくがひろがっていました。

風《かぜ》がふこうが、お日《ひ》さまがてりつけて、のどがかあらからになろうと、きつねはそんなことぜんぜんへいきで、

どんどん　どんどん　どんどん

どんどん　どんどん　どんどん

あるきました。

「あれっ、砂《すな》のむこうにお城《しろ》みたいのが見《み》える。もしや、てんじく？　ししの王《おう》さまの宮殿《きゅうでん》？　しんきろうかまぼろしか？」

勇気《ゆうき》をだしてちかづいてみると、まぼろしではありません。

ししの王《おう》さまの宮殿《きゅうでん》でした。ようやくついたのです。

きつねは、正面《しょうめん》の大門《だいもん》にまわると、大《おお》とびらをたたきました。

どんどん　どんどん　どんどん
「おたのみもうします。わたくしめ、日本《にほん》からきたきつねでございまあす。王《おう》さまにお目《め》にかかりたい。ごかいもーん。」

とびらの上《うえ》のほうについているのぞきまどが、かちっとあくと、門番《もんばん》がのぞきました。

きつねは、そっくりかえっていいました。

「日本《にほん》のきつねでえす。王《おう》さまにおあいしたい。」

「ならん、ならん、かえれ、かえれ。」

「はるばるきたんですよ。ひと目《め》あわぬうちはかえりませーん。」

「うるさい。ごちゃごちゃいうと、くっちゃうぞ。」

きつねは、ちょっとひるみましたが、そんなことではかえれません。きつねもがんばりました。

門番《もんばん》がもてあましていると、ちょうど、おさんぽの時間《じかん》だった王《おう》さまが、とおりかかりました。

「なにを、ごちゃごちゃさわいどる。」

「へえ、日本《にほん》のきつねが、おあいしたいと。」

「ならん、ならん、かえしてしまえ。」

「あっ、これはこれは、王《おう》さま。ひと声《こえ》うかがいたくて、まいりました。王《おう》さまのお声《こえ》は、日本《にほん》でひょうばんです。」

「だめだ、だめだ。ほえられない。なにしろちりんちりん、ぱりんぱりんの、がさがさがっちゃーんの、ころんだからな。」

「それでうなっていらっしゃらない。それはおからだにわるいですよ。思《おも》いっきり、わーおと、いかがですか。」

「そういえば、ひさしくうなってないな。ほえてみるか。」

ししは大《おお》きくいきをすると、

「うわーお。」

と、やりました。

うわさのとおり、だいどころのほうで、ちりんちりん、ぱりんぱりん、がさがさがさ、ちゃわんやおさらのわれる音《おと》がしました。

「ほう、ずずーんと、はらにひびく、いいお声《こえ》ですねえ。王《おう》さま、もうひと声《こえ》。」

「そうか。じゃ、もうひと声《こえ》、いくか。」

ししは、また、その気《き》になりました。

「うわぁーおうぅ。」

きいてたとおり、うらの山《やま》がくずれ、町《まち》の家《いえ》いえも、王《おう》さまの宮殿《きゅうでん》も、がさがさっと、つぶれてしまいました。

「なんといさましい男《おとこ》らしいお声《こえ》ですなあ。王《おう》さま、もうひと声《こえ》、きかせてください。」

「もう、いかん。」

「ね、もう、ひと声《こえ》。」

あんまりおだてるんで、王《おう》さまはまた、その気《き》になりました。

きつねは、りこうもんだから、こっそり、耳《みみ》にせんをしました。

「うぅ、わぁわわわわぁぁ、おぅぅぅ。」

そしたら、王《おう》さまの首《くび》が、ころんとおちてしまったんですと。

きつねは日本《にほん》から持《も》ってきた唐草《からくさ》もようのふろしきをだして、王《おう》さまの首《くび》をつつんで、日本《にほん》に持《も》ってかえりましたって。

それが、いま、お正月《しょうがつ》やおまつりのししまいにつかっている、ししがしらだということです。

ふるやのもり

むかしむかし、山《やま》のなかの村《むら》に、じいさまとばあさまが住《す》んでおりましたと。

ふたりは、やせた馬《うま》を一頭《いっとう》、かっていました。

ある雨《あめ》のふるばんのこと。

山《やま》のおおかみが、ぬき足《あし》さし足《あし》、じいさまの馬《うま》をねらって、ちかづいてきました。

そして、なかのようすをうかがっていると、じいさまとばあさまが、ぼそぼそ、話《はな》していましたんだと。

「ばあさんや、おめえ、なんかおっかねえもんがあっか？　なにがこの世《よ》でいちばんおっかねえ。」

「あい、やっぱり、おおかみかねえ。」

それをきいていたおおかみは、にやりとしました。やっぱ、おいらはつよいんだ。
「じいさまは、なにがこわいかね？　おおかみかね？」
「いんや、おおかみなんてこわくねえぞ。ふるやのもりのほうが、十《じゅう》ばいも
おっかねえ。こんやはこねえとええんだが。」
おおかみはびっくりしました。
「なにい、おらよか十《じゅう》ばいもおっかねえのがいるんだと？　ふるやのもりっ
て、いってえどんなやつだべ。」
家《いえ》のなかでは、
とってん　ぽちん
とってん　ぽっつん
とうとう、雨《あま》もりがはじまりました。
「やれやれ、じいさま、とうとうふるやのもりがきましたよ。」

「やっぱりきたか、こりゃ、ねちゃおれんわ。」

ふたりはおきだして、おけやら、たらいやら、なんやらで、雨《あま》もりをうけました。

なかのふたりのさわぎをきいて、おおかみは、「こりゃ、かなわん」と、にげだしました。

さて、じつは、じいさまのところの馬《うま》をねらっているのは、おおかみだけではありません。

ちょうどそのとき、馬《うま》どろぼうが、やはりじいさまの馬《うま》をねらってやってきていたんですと。

とつぜんとびだしてきたおおかみを、馬《うま》どろぼうは、馬《うま》とかんちがいしました。

「なんだ、なんだ。にげだすつもりだったんかよ。そうはさせんぞ。」

と、おさえこみました。

おおかみも、びっくりぎょうてん。

「うわあ、ふるやのもりにつかまったぁ。」

と、いちもくさんにはしりだしました。

「えへへ、うまくつかまえたぞ。しめしめ、つれだすてまがはぶけたというもんだ。」

おおかみのほうは、なんとかふるやのもりをふりおとそうと、とんだり、はねたり、ひねったり……。

「おやっ、この馬《うめ》め。なかなか元気《げんき》がいいわい。気《き》にいった。こいつは高《たか》く売《う》れるぞ。ぜったいにはなすもんか。」

馬《うま》どろぼうは、しっかり首《くび》にしがみつきました。

「く、くるしいよう。」

おおかみは、あせりにあせり、なんとかふりおとさなくちゃと大《おお》あばれしました。

とうとう、よあけになりました。

あかるくなると、馬《うま》どろぼうは、たいへんなまちがいに気《き》がつきました。

「うわあ、こ、こいつは、馬《うま》じゃねえ。おおかみだ。ひゃあ、ど、どうしたらよかんべ。た、たすけてくれえ。」

これいじょう、しがみついているわけにもいきません。そのため、しっかりしめつけていた手《て》がちょっとゆるみました。

おおかみは、しめたっと、ひとはねしました。なんとか、ふるやのもりをふりおとそうとしたのです。

どろぼうははじきとばされ、ころがりこんだところは、うんわるく、けものをつかまえるおとしあなでした。

せなかのかるくなったおおかみは、

「ああ、よかった、よかった。たすかった。もうすこしで、ふるやのもりにくわれちまうとこだった。」

と、いちもくさんに、山《やま》にとんでかえりました。そしてなかまのけものたちにいいました。

「おら、ふるやのもりにとりつかれてよう。こわかったのなんの。むちゅうでふりおとしてきただよう。やつはいま、あなんなかできぜつしてるわ。みんなでたいじしよう。」

「ふるやのもりなんて、きいたことないな。でも、おおかみがふるえあがるんだから、たいしたやつなんだろう。」

山《やま》のけものたちは、おっかなびっくり、おとしあなにちかづいていきました。

のぞくと、しいんとしていました。

さるが、長《なが》いしっぽをたらして、さぐってみました。

あなのなかでのびていた馬《うま》どろぼうは、そのときやっと、気《き》がついたところでした。

するとおりてきたさるのしっぽを、だれかが、たすけてくれるなわとまちがえて、とびつきました。

「きゃっ、いたいっ。ふるやのもりが、おらのしっぽにかみついた。たすけてくれえ。」

けものたちは、さるをひっぱりました。

馬《うま》どろぼうもひっしで、ひっぱりました。

とうとう、さるのしっぽはぷっつん。

さるのしっぽがみじかいのは、そのせいです。

また、さるの顔《かお》が赤《あか》いのは、そのときあんまりりきんだので、まっ赤《か》になって、それきりなおらなかったということです。

はぬけえんま

むかしむかし。

どのくらいむかしかというと、今《いま》は平成《へいせい》です。そのまえは昭和《しょうわ》、そのまえは大正《たいしょう》。そのまえは明治《めいじ》とさかのぼり、そのまえは慶応《けいおう》、そのまえは早稲田《わせだ》？　です……。そのころの話《はなし》です。

青木町《あおきちょう》のえんまさまは有名《ゆうめい》でした。なんで有名《ゆうめい》なのかというと、顔《かお》がこわいからでした。

どなたのお作《さく》かわかりませんが、かなりうでのあるほりしだろうと、いうことです。

目《め》はぎろっとひかり、まゆはさかだち、かっとあけた大口《おおぐち》には、きらっと金《きん》ばがならんでいました。

つくりがこわいうえに、えんまさまも、おまいりにくるひとをこわがらせようと、りきんでいました。

「ほら、ほら、いつまでもおもてであそんでると、えんまさまにえり首《くび》をつかまれるぞ。そうなったら……どうなるか、わかってるな。」

「ないてるのはだれだ。青木町《あおきちょう》にやっちゃうぞ。」

「いたずらばっかりしてる子《こ》は、えんまさまにいいつけるぞ。」

「親《おや》のいうことをきかない子《こ》、いいわけをする子《こ》、うそをつく子《こ》は、えんまさまに舌《した》ぬかれるよ。」

というぐあいに、親《おや》はすぐえんまさまを持《も》ちだしました。


さて、そのころ、日本《にほん》じゅう、どこもここもふけいきでした。

えんまさまも、くらしがくるしくなり、青木町《あおきちょう》にいられなくなりました。

えんま堂《どう》のせわにんたちは、お堂《どう》を売《う》りだすことにしました。

すこしでもいいねだんで売《う》ろうと、くものすをはらったり、さんのほこりをていねいにはたき、そのうえ、かわいたぞうきんでからぶきしました。

ゆるんだくぎを、うちつけもしました。

はしらのらくがきも、ていねいにけしました。

「あれ、あみどのさんがおれてるじゃないかよ。めだつところだ。なおさなきゃな。買《か》いたたかれるぞ。」

「なあに、そこんところに、『売《う》ります』のふだをはっとけばわかるめえ。」

「ところでよ。お堂《どう》は売《う》るとしてもよ。えんまさまはどうする？」

あっ、みんなはえんまさまのことはわすれていました。

「ああ、そいつはうっかりしとった。なんとかみのふりかたを、かんがえなきゃなるめえなあ。」

「お堂《どう》につけて、売《う》っちまおう。」

「さあな、えんまつきじゃ、お堂《どう》のほうもことわられっかもしんない。」

「うーん、べつべつに売《う》るしかあんめえ。」

「えんまさんといやあ、じごくのさいばんかんだろう。ほかに、なにができる？」

「あのお顔《かお》だ。ようじんぼうならつとまるだろう。」

「あのからだつきだ。にもつはこびならできるだろう。」

「どうもなあ。とにかく、つぶしのきかないこまったおかただよう。こまったなあ。」

「よし、入札《にゅうさつ》にして、高《たか》くつけてくれたひとに売《う》ろう。」

たいへんなことになりました。

せわやくのひとりは、えんまさまのはが、ぜんぶ金《きん》ばなのを知《し》っていました。

「よし、金《きん》ばはもらっとこう。」

と、こっそり金《きん》ばをぬいてしまいました。

「どうせ、よそに売《う》りとばされるんだ。」

ひどいひとがいたものです。


さて、いよいよ、せりの日《ひ》になりました。

「さあ、買《か》った、かった。百両《ひゃくりょう》、百両《ひゃくりょう》でどうだ。」

だれも、手《て》をあげません。

なさけないことになったもんだと、えんまさまはしょんぼりしていました。

おち目《め》になると、こうも気《き》よわになるのでしょうか。

じつは、はぬけで、口《くち》もとがしまらないせいなのです。この顔《かお》では、門番《もんばん》だってつとまらないかもしれません。

「九十五両《きゅうじゅうごりょう》。」

しーん。

「ええい、八十五両《はちじゅうごりょう》。」

声《こえ》なし。

それでも、どうにか山田町《やまだちょう》に買《か》われていきました。

山田町《やまだちょう》のせわにんは、やさしいひとだったので、えんまさまをはいしゃにつれていって、金《きん》ばをいれてくれました。

そこで、またこわい顔《かお》でいばることができました。

さて、ときはうつり、明治《めいじ》、大正《たいしょう》、昭和《しょうわ》とすぎ、平成《へいせい》になりました。

青木町《あおきちょう》の子《こ》どもたちが、学校《がっこう》のえんそくで山田町《やまだちょう》のえんま堂《どう》にやってきました。

小学生《しょうがくせい》たちは、わいわいがやがや。

「へん、えんまなんてちっともこわくないや。」

「えんまさん、えんまさん、にらめっこしましょ、あっぷっぷ。」

ところがです。

れつの一《いち》ばんしまいの子《こ》がはいってきたとたん、どうしたことでしょう。

えんまさまは、

　きりきりっ

と、おくばをかみ、

　ばりばりっ

と、かみの毛《け》がさかだち、

　らんらんらん

目《め》はつりあがり、ひかり、

　みりみりみり

ひざにおいた手《て》をきつくにぎりしめました。

「うわあっ、こわいよう。」

その子《こ》は、なきだしてしまいました。

「やい、やい、その子《こ》、おまえだ、おまえだよ。おまえのせんぞってえひとは、ひどいやつだぞ。わしの金《きん》ばをぬきおって、こっそりもうけた。おまえは知《し》らないことだけど、おまえの顔《かお》を見《み》たら、思《おも》いだした。ああ、くやしい。むらむら。かあっ。」

というわけだったそうです。

春《はる》らんまんたぬきのかっせん

四国《しこく》の＊阿波《あわ》には、やたらたぬきがおりますようで。

阿波《あわ》では、たぬきのことを、「たのき」といっております。田《た》の君《きみ》をりゃくしたそうですが、田《た》んぼのまもりがみというよりは、たぬきたち、山《やま》のなかより、里《さと》のちかくにすみ、田《た》んぼをうろうろしているからだそうで。

そのなかには名《な》もあるたぬきもいれば、名《な》のないたぬきもようけおって、たぬき話《ばなし》もかずかずあるんですと。

なかでも知《し》られてるのが、たぬきのかっせんです。

なんでも阿波《あわ》のたぬきが、二《ふた》つにわかれてあらそったというから、これは大事件《だいじけん》でございます。

講談《こうだん》にしたら、さしずめ「ちけむり、たぬきの出入《でい》り」で、人形《にんぎょう》しばいなら、「春《はる》らんまん、阿波《あわ》の津田浦《つだうら》」といいますから……。

どんなもんでしょうか。ここではお子《こ》さまむけのよみがたりで、もうしあ

＊徳島県《とくしまけん》

げます。

阿波《あわ》のたぬきのそうもとじめは、六右衛門《ろくえもん》といって、津田《つだ》のあなかんのんにすくっておりましたと。

あるとき、小松島《こまつじま》みなとから金長《きんちょう》というわかいたぬきと、おとうとぶんの藤《ふじ》の木《き》の鷹《たか》というのとがいっしょに、しゅぎょうにきて、六右衛門《ろくえもん》のところに、わらじをぬぎましたんですと。

この金長《きんちょう》というのが、また、きりりとした男《おとこ》まえで、顔《かお》はええ、すがたはいなせ、あたまがきれる、仕事《しごと》もようできるで、たちまち、どうかくをあらわしましたと。

六右衛門《ろくえもん》のひとりむすめの小安《こやす》までが、金長《きんちょう》はん、金長《きんちょう》はんと、つきまとい、

「金長《きんちょう》はん、おどりのけいこにいくんやけど、ついてきてえな。」

「あれとって……、これとって……。」

というてくらしているうちに、

「金長《きんちょう》はんじゃなきゃ、うち、およめにいかんでえ。」

といいだすしまつ。

六右衛門《ろくえもん》も気《き》がもめます。はやいとこ、金長《きんちょう》を小松島《こまつじま》へかえしてしまおうか。それとも、ここは、小安《こやす》といっしょにして、二《に》だいめのあとめをつがせるほうがふんべつやろうかと、あれこれ、しあんをいたしましたそうで。

そのうち、金長《きんちょう》のねんきもあけて、小松島《こまつじま》へかえる日《ひ》がやってきました。

そこで六右衛門《ろくえもん》は、思《おも》いきって、金長《きんちょう》をよび、きいてみました。

「なあ、金長《きんちょう》や、小安《こやす》のむこになっておくれんかい。」

おやぶんのいうことです。ありがたがって、二《ふた》つへんじと思《おも》ったのに、金《きん》長《ちょう》ときたら、いいへんじをいたしません。

「へえ、あのう、そのう……もごもご。じつは、そのう、もごもご。」

とにえきらないんで、六右衛門《ろくえもん》はいらいらしました。

いままで、じぶんのいうことがとおらなかったことはなかったからです。

こぶんたちも、

「金長《きんちょう》め、はっきりせんかい。おやぶんのお顔《かお》をつぶしてくれたな。」

「ねえ、おやぶん、このまま、金長《きんちょう》を小松島《こまつじま》へかえすことは、はんたいやで。のちのちのしめしがつかんことになるよって。」

「やつは、てきにまわすとおとろしいで。おやぶん、いまのうちにかたづけといたほうが、おためでん。」

と、たきつけますから、六右衛門《ろくえもん》も、その気《き》になりました。

「小松島《こまつじま》へちかづいてからでは、ておくれでん。ま、ちいとてまえで、やみうちにしてくれろ。」

その話《はな》しあいを、むすめの小安《こやす》がきいてしまいました。

「いとしい金長《きんちょう》はんを、やみうちにするなんて。」

と、小《ちい》さなむねをいため、うばをよんで、はしらせることにしました。

「ええか。これこれ、しかじか。はやくべつの道《みち》をいって、にげておくれんかえと、いうておくれ。」

ところが金長《きんちょう》と、藤《ふじ》の木《き》の鷹《たか》は、うばのことばをきくと、にげるどころか、

「敵《てき》に背《せ》をむけることは、できません。」

というわけで、大石小石《おおいしこいし》をひろいあつめ、まちかまえたというから、男《おとこ》たちってもんはしょうがないもんです。

ゆうやみがしだいにこくなるなわて道《みち》。

とつぜんおこる、ちゃんちゃん、ばらばら。

大石《おおいし》、小石《こいし》も、ばーらばら。

いくらつよくっても、たったふたりで、すう十《じゅう》にんのけんかじょうずをあいてにするのでは、しょうぶは見《み》えております。

まず、藤《ふじ》の木《き》の鷹《たか》が、手《て》きずをおって、ふらふらになりました。

「しっかりしろ、鷹《たか》。」

「おらのことはうっちゃって、金長《きんちょう》はん、小松島《こまつじま》へかけこんでくれ。たすけのくるまで、おらがんばります。」

「そうか。よし、すぐとってかえしてくるからな。がんばれ、鷹《たか》。」

金長《きんちょう》は、敵《てき》のかこみをかいくぐり、ようやく小松島《こまつじま》へたどりつきました。

さあ、ことのようすをきいた小松島《こまつじま》のれんちゅうは、おこった、おこった。

さっそく、

「みんなでてこい、こい、こい。」

と、いくさのかいらんじょうをまわしました。

まずやってきたのが、田浦《たうら》の太左衛門《たざえもん》というたぬき。

「日《ひ》ごろから、えばりかえる津田《つだ》の六右衛門《ろくえもん》にがまんがならなかった。」

というわけで、まっさきにみかたをしてきました。

つづいて、高須《たかす》の隠元《いんげん》だぬき。このたぬきは、大《おお》ぼうずにばけて、とおるひとをよびとめては、すもうをいどむという、かわったたぬきです。

わざとまけてやると、きげんがいいというんですから、あまりたよりになりませんが、このふたりがさんぼうになりました。

そのほかにあつまったのは、庚申《こうしん》の新八《しんぱち》たぬき。そのかみさんのいもうとだというお松《まつ》たぬき、妙長寺《みょうちょうじ》のおひつたぬき、天神《てんじん》の森《もり》の火《ひ》の玉《たま》たぬき、金《きん》の鳥《とり》たぬきに、八万《はちまん》の円福《えんぷく》たぬきたちでした。

わすれちゃいけない藤《ふじ》の木《き》の鷹《たか》のむすこの小鷹《こたか》に熊鷹《くまたか》も。

「ととさんのかたき。」

と、くわわりました。

総勢《そうぜい》が六百《ろっぴゃく》。六右衛門側《ろくえもんがわ》も、これまた六百《ろっぴゃく》。

両軍《りょうぐん》は、勝浦川《かつうらがわ》をはさんで、むかいあいました。

ときは春《はる》。

どてのさくらは、太刀《たち》の風《かぜ》にもはらり、はらり……。

さて、六右衛門《ろくえもん》たちはいまかいまかとてぐすねひいてまっていました。それをはずして、小松島《こまつじま》の金長《きんちょう》たちは、なかなかやってきません。津田勢《つだぜい》は、まちくたびれてしまいました。しょうしょうだれてるしまつです。

それをまっていた金長《きんちょう》、すきをついてせめたてました。

あわてて六右衛門《ろくえもん》、観音城《かんのんじょう》にかけこみました。まもるとなると、やはり城《しろ》はかたく、おちそうにありません。

すると、庚申《こうしん》の新八《しんぱち》たぬき、川《かわ》にとびこみ水門《すいもん》をさぐりあて、そこから城《しろ》のなかにはいりこみました。

そして、おもて門《もん》をなかからあけたので、小松島勢《こまつじまぜい》はどっときりこみました。

六右衛門《ろくえもん》はうちとられ、いくさのかたはつきました。

もっとも金長《きんちょう》も、そのときの苦労《くろう》がもとで二《に》、三日《さんにち》あとに死《し》んだんだそうです。

よみきりのおそまつ。

あとがき

一九六〇年代《ねんだい》、子《こ》どもの本《ほん》は上《あ》げ潮《しお》になりました。

そこにいあわせたおかげで、『かさこじぞう』を本《ほん》にしていただけました。もうすこし早《はや》くても、あるいは遅《おそ》くても、陽《ひ》の目《め》を見《み》なかったでしょう。じいさまたちより、私《わたくし》こそ恵《めぐ》みをもらったのだと、運《うん》のふしぎさ感《かん》じております。

かたり（私《わたくし》の場合《ばあい》文章《ぶんしょう》ですが）の基本《きほん》をたたきこまれたのも民話《みんわ》でした。祖先《そせん》が何《なに》を喜《よろこ》び、何《なに》が情《なさけ》なく、つらかったかの人生観《じんせいかん》、社会観《しゃかいかん》を表現《ひょうげん》する方法《ほう》も民話《みんわ》から教《おし》えてもらいました。

それが私《わたくし》の創造《そうぞう》の原点《げんてん》です。

解説《かいせつ》

水谷《みずたに》章三《しょうぞう》

ご存知《ぞんじ》、作者《さくしゃ》の岩崎京子《いわさききょうこ》さんは、ちゃきちゃきの江戸《えど》っ子《こ》です。日《ひ》ごろ、岩崎《いわさき》さんのものごしや話《はな》しことばには、巧《たく》まざる歯切《はぎ》れのよさと独特《どくとく》のユーモアがあって、ついひきこまれてしまいます。そして岩崎《いわさき》さんが文字《もじ》で語《かた》った、この十七話《じゅうななわ》の「日本昔《にほんむかし》ばなし」にも、その語《かた》り口《くち》の歯切《はぎ》れのよさ、ユーモアにくわえて、いたるところに江戸《えど》っ子《こ》らしい生《い》きのよささえあらわれることになります。まずは、そのあたりを楽《たの》しんでいきましょう。

さて、それぞれの話《はなし》の見《み》どころ聞《き》きどころなどについてのべてみましょう。

「**かさこじぞう**」この作品《さくひん》は、小学校《しょうがっこう》の国語《こくご》の教科書《きょうかしょ》にものって、知《し》らないひとはいないほどなのに、このような貧乏《びんぼう》なひとの話《はなし》をなぜ子《こ》どもに教《おし》えるのか、といった国《くに》のえらいひとがいました。まったく考《かんが》え違《ちが》いなのです。読《よ》めばすぐにわかります。優《やさ》しい心《こころ》こそが、この話《はなし》のテーマであるということが。そして「**ものいうかめ**」「**わらしべ長者《ちょうじゃ》**」「**ききみみずきん**」「**たからのげた**」と、貧乏《びんぼう》な主人公《しゅじんこう》の話《はなし》がつづきます。はたらいてもはたらいても貧乏《びんぼう》なひとびとです。病気《びょうき》の母親《ははおや》をかんびょうするむすこもいます。それがうれしいことに、みんな幸《しあわ》せになってくれます。どの話《はなし》も、底《そこ》を流《なが》れている思《おも》いは、優《やさ》しさです。これは、わたしたちの祖先《そせん》が語《かた》り継《つ》いできた昔話《むかしばなし》の思想《しそう》のひとつといっていいでしょう。岩崎《いわさき》さんも、それを強《つよ》く感《かん》じて、はじめにこれらの話《はなし》をまとめたのではないでしょうか。

めずらしいことに「わらしべ長者《ちょうじゃ》」は、京《きょう》ことばで書《か》いて（語《かた》って）いますが、京都《きょうと》に伝《つた》わった話《はなし》をもとにしたので、そのことをだいじにしようとしたのでしょう。使《つか》いなれないことばへの楽《たの》しい挑戦《ちょうせん》です。

「**田《た》うえじぞう**」も「**正月《しょうがつ》がみさん**」も、主人公《しゅじんこう》はさみしいふたり暮《ぐ》らしのじいさまとばあさまです。貧乏《びんぼう》なのは、いわずもがな。今《いま》も、昔《むかし》も、老人《ろうじん》だけの暮《く》らしは、さみしくつらいものです。そのうえ「田《た》うえじぞう」の老夫婦《ろうふうふ》には、おもい田仕事《たしごと》があります。手伝《てつだ》ってくれる者《もの》があれば、どれほどありがたいことでしょう。昔話《むかしばなし》の世界《せかい》では、そのような弱《よわ》い立場《たちば》のひとびとのところへ、だまってやってきて、だまって助《たす》け、だまって去《さ》っていく心優《こころやさ》しいものたちが、いろいろな姿《すがた》で登場《とうじょう》します。この話《はなし》のように、道《みち》ばたの地蔵《じぞう》さまであったり、あるときは山《やま》で助《たす》けた狐《きつね》であったり、年《とし》よりの飼《か》い猫《ねこ》であったりするのです。「正月《しょうがつ》がみさん」の老夫婦《ろうふうふ》は、自分《じぶん》たちの貧《まず》しさもかえりみず、七人《しちにん》の旅《たび》びとに破《やぶ》れがさなど貸《か》してやって、ひとさまのおやくにたつのは、うれしいことだ、と。昔話《むかしばなし》の世界《せかい》にはいりこんでの、岩崎《いわさき》さん自身《じしん》の気持《きも》ちに相違《そうい》ありません。

一転《いってん》して、「**にじのむすめ**」は、まことに美《うつく》しい物語《ものがたり》です。虹《にじ》の七色《なないろ》が、そのまま七人《しちにん》の天女《てんにょ》の七色《なないろ》の羽衣《はごろも》となって物語《ものがたり》が始《はじ》まるあたり、日本《にほん》の昔話《むかしばなし》としてはたいへんめずらしく、おそらくこれひとつだけかもしれません。これのもとになる話《はなし》（原話《げんわ》）に出《で》あって、うわーいと小《ちい》さく叫《さけ》ぶ作者《さくしゃ》の表情《ひょうじょう》が目《め》に見《み》えるようです。「シンデレラ」顔負《かおま》けの大《だい》ロマン、ここにも、岩崎《いわさき》さんを引《ひ》きつけてやまない世界《せかい》がありました。

大《だい》ロマン、愛《あい》の物語《ものがたり》といえば「**たにし長者《ちょうじゃ》**」。たにしの嫁《よめ》さんになった娘《むすめ》が、愛《あい》の力《ちから》で、たにしをりっぱな若者《わかもの》にかえてしまうのです。日本《にほん》が誇《ほこ》る、このようなすてきな話《はなし》を、岩崎《いわさき》さんが見《み》のがすはずはありません。

「**ねずみのよめいり**」このあたりからそろそろ、ちゃきちゃき娘岩崎《むすめいわさき》さんの本領《ほんりょう》が顔《かお》をあらわしはじめます。これはたいへんポピュラーな話《はなし》で、だいじなひとり娘《むすめ》を、世界《せかい》でいちばんえらいひとのもとへ嫁《よめ》にやりたいと、ねずみの親《おや》が、まず太陽《たいよう》のところへいき、雲《くも》のところへいき……という、この型《かた》は、もちろんまったくくずされてはいません。ところがここに、あまり例《れい》をみないおしかけ仲人役《なこうどやく》のおじさんねずみを登場《とうじょう》させることで、つまり岩崎民話《いわさきみんわ》となるわけです。おじさんの売《う》りこみの口上《こうじょう》も「ねずみこまちとひょうばんの……」「ぎょうぎさほうも、ひととおりしこんであります」などなどとあって、まことに愉快《ゆかい》です。

「**おむすびころりん**」も、日本《にほん》の昔話《むかしばなし》のなかでは代表的《だいひょうてき》な話《はなし》ですから、その型《かた》をくずすわけにはいきません。岩崎《いわさき》さんは、その状況《じょうきょう》のなかでも、なんとかがると楽《たの》しんでいることでしょう。それは、ねずみのわかいしゅが、きびきびと餅《もち》つきのしたくをするくだりや、じいさまの前《まえ》にならんだごちそうの描《えが》き方《かた》などにあらわれています。このあと「**こしおれすずめ**」「**すずめのあだうち**」と、すずめの話《はなし》がつづきます。前者《ぜんしゃ》は「したきりすずめ」に似《に》ている話《はなし》で、まねして失敗《しっぱい》するよくばりばあさんの生活感《せいかつかん》がリアルで笑《わら》いをさそいます。

会話《かいわ》の文体《ぶんたい》が、ほとんどちゃきちゃきの東京《とうきょう》ことばになっていて、いわゆる昔話《むかしばなし》の文体《ぶんたい》から敢《あ》えてはなれてみようとした意図《いと》があったのでしょうか。後《こう》者《しゃ》は、子《こ》すずめがきょうだいと母《はは》すずめのあだ討《う》ちをする話《はなし》。助《すけ》っ人《と》がつぎつぎ登場《とうじょう》して、「さるかに」とよく似《に》ているところがおもしろいところです。

「**しときつね**」は、獅子《しし》舞《ま》いの獅子《しし》の由来《ゆらい》を語《かた》るめずらしい笑《わら》い話《ばなし》です。落語《らくご》を思《おも》わせる生《い》きのいい文体《ぶんたい》で昔話《むかしばなし》を語《かた》らせたら、岩崎《いわさき》さんの右《みぎ》に出《で》る者《もの》はいないでしょう。「**ふるやのもり**」は、猿《さる》のしっぽはなぜ短《みじか》いか、尻《しり》の赤《あか》いのはなぜか、という昔《むかし》むかしの話《はなし》が、わたしたちが今現在《いまげんざい》つかっている生《せい》活《かつ》のことばで語《かた》られていて、ある種《しゅ》の新鮮《しんせん》さを感《かん》じます。

おしまいの二話《にわ》「**はぬけえんま　たぬきのかっせん**」「**春《はる》らんまん**」は、文《もん》句《く》なしの笑《わら》い話《ばなし》。のりにのった語《かた》りの調子《ちょうし》は、岩崎《いわさき》さんの独壇場《どくだんじょう》といって過《か》言《ごん》ではありません。

収録作品について

「かさこじぞう」(『かさこじぞう』ポプラ社　1967)

「ものいうかめ」(『かさこじぞう』ポプラ社　1967)

「わらしべ長者」(『わらしべちょうじゃ』第一法規　1976)

「ききみみずきん」(『ききみみずきん』ポプラ社　1967)

「たからのげた」(『ききみみずきん』ポプラ社　1967)

「たにし長者」(『たにしちょうじゃ』教育画劇　2000)

「ねずみのよめいり」(『ねずみのよめいり』教育画劇　1996)

「おむすびころりん」(『おむすびころりん』講学館　1979)

「こしおれすずめ」(『こしおれすずめ』国土社　1978)

「すずめのあだうち」(『日本昔ばなし全集』講談社　1979)

「ししときつね」(『ししときつね』ほるぷ出版　1985)

「ふるやのもり」(『日本おはなし名作全集』小学館　1989)

文・岩崎京子（いわさき　きょうこ）

1922年、東京に生まれる。恵泉女学園高等部卒業後、与田準一氏に師事しながら、雑誌「少年少女」「母の友」などに作品を投稿し、同人誌「童話」にも参加。短編「さぎ」(日本児童文学者協会新人賞)、『花咲か』(日本児童文学者協会賞受賞)、『シラサギ物語』『鯉のいる村』『東海道鶴見村』『少女たちの明治維新』『子どものいる風景』『原爆の火』など作品多数。

絵・井上洋介（いのうえ　ようすけ）

1931年、東京に生まれる。武蔵野美術大学西洋画家卒業。自作の絵本に『まがればまわりみち』『でんしゃえほん』などがあり、一連のくまの子ウーフの童話や絵本の絵を担当するほか、数多くの子どもの本をてがけている。画集に、『木版　東京百画府』『井上洋介漫画』などがある。文春漫画賞、小学館絵画賞など受賞。

※「かさこじぞう」「ものいうかめ」「わらしべ長者」「ききみみずきん」「たからのげた」は1978年ポプラ社発行の『かさこじぞう』収録。

2006年２月　第１刷

ポプラポケット文庫006-1

日本昔ばなし　**かさこじぞう**

文　**岩崎京子**

絵　**井上洋介**

発行者　坂井宏先

発行所　株式会社ポプラ社

東京都新宿区大京町22-1・〒160-8565

振替　00140-3-149271

電話（編集）03-3357-2216　（営業）03-3357-2212

（お客様相談室）0120-666-553

FAX（ご注文）03-3359-2359

インターネットホームページ http://www.poplar.co.jp

印刷・製本　中央精版印刷株式会社

Designed by 濱田悦裕

ISBN4-591-09118-X　N.D.C.388　204p　18cm

ポプラ ポケット文庫

日本の名作

Poplar
Pocket
Library

● 小学校初・中級～　●● 小学校中級～　♥ 小学校上級～　✤ 中学生向け

世界の名作

●●	トム・ソーヤーの冒険	マーク・トウェン／作	岡上鈴江／訳
●●	ふしぎの国のアリス	キャロル／作	蕗沢忠枝／訳
●●	オズの魔法使い	バウム／作	守屋陽一／訳
●●	長くつしたのピッピ	リンドグレーン／作	木村由利子／訳
●●	秘密の花園	バーネット／作	谷村まち子／訳
●●	ピーター・パン	バリ／作	班目三保／訳
●●	くるみわり人形	ホフマン／作	大河原晶子／訳
♥	あしながおじさん	ウエブスター／作	山主敏子／訳
♥	赤毛のアン	モンゴメリ／作	白柳美彦／訳
♥	にんじん	ルナール／作	南本　史／訳
♥	十五少年漂流記	ベルヌ／作	大久保昭男／訳
♥	海底二万マイル	ベルヌ／作	南本　史／訳
♥	がんくつ王	デュマ／作	幸田礼雅／訳
♥	おちゃめなふたご	ブライトン／作	佐伯紀美子／訳
♥	おちゃめなふたごの秘密	ブライトン／作	佐伯紀美子／訳
♥	おちゃめなふたごの探偵ノート	ブライトン／作	佐伯紀美子／訳
♥	ピンクのバレエシューズ	ヒル／作	長谷川たかこ／訳
♥	クリスマス・キャロル	ディケンズ／作	清水奈緒子／訳
♥	西遊記　(一)おれは不死身の孫悟空	吉本直志郎／文	原ゆたか／絵
♥	西遊記　(二)妖怪変化なにするものぞ	吉本直志郎／文	原ゆたか／絵
♥	西遊記　(三)天地が舞台の孫悟空	吉本直志郎／文	原ゆたか／絵
✤	三国志　(一)群雄のあらそい	三田村信行／文	若菜 等+Ki／絵
✤	三国志　(二)天下三分の計	三田村信行／文	若菜 等+Ki／絵
✤	三国志　(三)燃える長江	三田村信行／文	若菜 等+Ki／絵

みなさんとともに明るい未来を

一九七六年、ポプラ社は日本の未来ある少年少女のみなさんのしなやかな成長を希《ねが》って、「ポプラ社文庫」を刊行しました。

二十世紀から二十一世紀へ――この世紀に亘《わた》る激動の三十年間に、ポプラ社文庫は、みなさんの圧倒的な支持をいただき、発行された本は、八五一点。刊行された本は、何と四千万冊に及びました。このことはみなさんが一生懸命《いっしょうけんめい》本を読んでくださったという証左《あかし》でもあります。

しかしこの三十年間に世界はもとよりみなさんをとりまく状況も一変しました。地球温暖化による環境破壊、大地震、大津波、それに悲しい戦争もありました。多くの若いみなさんのかけがえのない生命も無惨《むざん》にうばわれました。そしていまだに続く、戦争や無差別テロ、病気や飢餓《きが》……、ほんとうに悲しいことばかりです。

でも決してあきらめてはいけないのです。誰もがさわやかに明るく生きられる社会を、世界をつくり得る、限りない知恵と勇気がみなさんにはあるのですから。

――若者が本を読まない国に未来はないと言います。

創立六十周年を迎えんとするこの年に、ポプラ社は新たに強力な執筆者《しっぴつしゃ》と志《こころざし》を同じくするすべての関係者のご支援をいただき、「ポプラポケット文庫」を創刊いたします。

二〇〇五年十月

坂井宏先